龍谷大学アジア仏教文化研究センター
文化講演会シリーズ 1

楠 淳證 編

回峰行と修験道

聖地に受け継がれし伝灯の行

法藏館

目次

はじめに

このたび、龍谷大学は仏教研究の世界的プラットフォームとなるべき「世界仏教文化研究センター」を設立いたしました。この研究センターは、寛永十六年（一六三九）に西本願寺阿弥陀堂北側に開設された「学寮」を淵源とする龍谷大学が、三七七年にわたって蓄積してきた「仏教に関する諸研究」を基盤として、さらなる仏教研究の進展をはかるために設立したものです。その傘下にあるのが、アジア仏教文化研究センターです。

アジア仏教文化研究センターは、龍谷大学が長年にわたって蓄積してきた「仏教研究」の成果を多角的に進展させるため、文部科学省が進める私立大学戦略的研究基盤形成事業に、研究プロジェクト「日本仏教の通時的共時的研究――多文化共生社会における課題と展望――」（平成二十七年度より平成三十一年度）をテーマとして応募し、採択されました。このたびの講演録は、その研究成果の一端を社会に還元する形で発信しようとするものであり、平成二十七年十一月・十二月および平成二十八年三月の計三回にわたって企画された「聖地に受け継がれし伝灯の行」の講演（於龍谷大学響都ホール校友会館）を編集の上、以下の順に収録したものです。

一　修験の修行　　聖護院門跡　宮城　泰年
二　回峰行のこころ　北嶺大行満大阿闍梨　光永　覚道
三　若き日の親鸞聖人　龍谷大学名誉教授　淺田　正博

この講演は、先の研究プロジェクトを推進する九つのサブユニット内の「南都学北嶺学班」が企画し、比叡山（北嶺）における修行の実体を広く社会に示すべく、編集したものです。ちなみに、「南都」とは通常は興福寺もしくは奈良を指す名称であり、「南都仏教」という時には三論宗・成実宗・法相宗・倶舎宗・華厳宗・律宗の六宗を指します。この名称は、七九四年に都が「平安京」へ遷って以降、諸文献に見られるようになりました。一方の「北嶺」は、平安時代になって中国から帰朝した伝教大師最澄（七六七―八二二）が比叡山を拠点に天台仏教を展開して以降、そのように呼ばれました。爾来、鎌倉時代になって新たな仏教各宗が展開するまで、南都と北嶺を拠点に日本の仏教は展開し、さまざまな仏教文化を世に遺しました。

このたびの「行法」もまた、一つの伝灯的な仏教文化（文化遺産）と言ってもよいものではありますが、しかし、その本質はあくまでも「仏に成る道」を問うものでした。過去から現代に至るまで脈々と受け継がれている「行の実際」、そして千日回峰行を実践しながらも「おのれが愚迷なばかりに生死出づべき道が見えてこない」と悩まれて山を下りられた親鸞聖人（一一七三―一二六二）。現代における行の体現者の見た「真実の世界」とその「生き方」、および第一線の研究者によって明かされる「伝灯の行」と「伝承より見た若き日の親鸞聖人像」について、ここに、ご紹介させていただきます。

平成二十八年九月一日

龍谷大学アジア仏教文化研究センター
センター長（編集者）楠　淳證

修験の修行

宮城泰年
聖護院門跡

修験道のルート

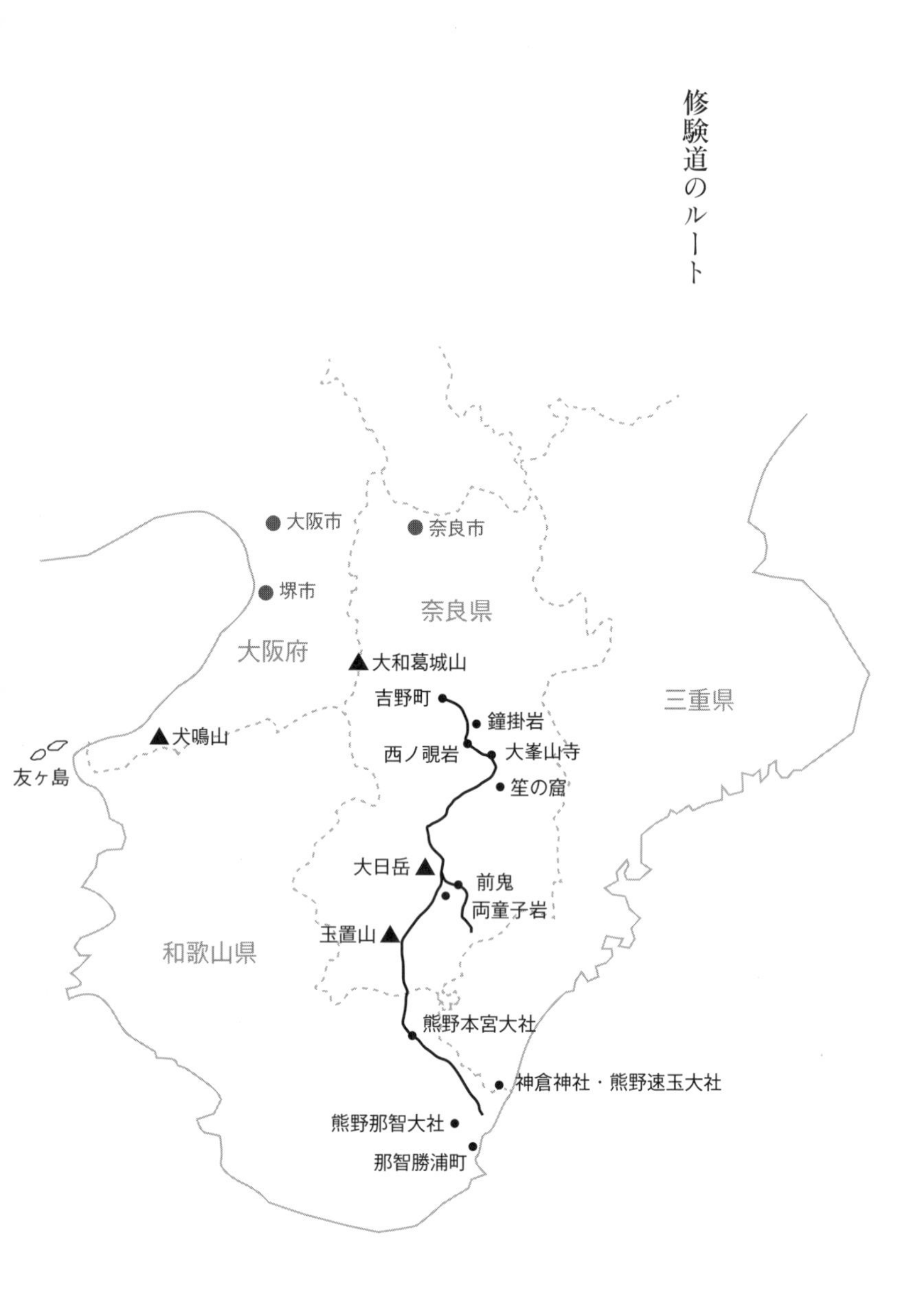

大阪市
奈良市
堺市
奈良県
大阪府
大和葛城山
吉野町
三重県
鐘掛岩
犬鳴山
西ノ覗岩
大峯山寺
友ヶ島
笙の窟
大日岳
前鬼
両童子岩
玉置山
和歌山県
熊野本宮大社
神倉神社・熊野速玉大社
熊野那智大社
那智勝浦町

一　修験道と役行者

私の生きてきた世界は、修験の世界です。山伏の世界といった方がよくわかるかもしれません。山に伏し野に伏すから、山伏という名前がつきました。山伏は、もともとは山岳信仰の民族です。後に仏教が入ってくることによって、山の神を信仰していた山岳信仰に生きる人々が、修験道の世界を形成していく。ですから、本来は修験道に教義はありません。まさに体験の中から生まれ出た世界、それが修験道です。

私たちの先祖が亡くなると山に昇って、下界の私たちの世界を見そなわす神となる。そのような神々を祭る点より、山そのものが尊い神の世界とみなされるようになり、畏敬の念をもって信仰されてきました。しかし、六世紀頃になると、人々はその神の世界に入ろうとし始めます。たとえば、日光の男体山では山の麓に二世紀頃の信仰遺跡が見られ、四世紀頃になると山の中腹、六世紀頃になると山頂へと信仰遺跡が広がっていくのがわかります。

ちょうどその頃、修験道の開祖と言われる役行者が現われました。役行者は『続日本紀』にも出てくる実在の人物ですが、書物が残っていないので、伝説的な人物ともみなされています。『続日本紀』には「呪術をよくして鬼神を使った」という記述があり、やがて両脇に前鬼・後鬼を従えた、やや仙人がかった姿で描かれるようになりました。前鬼・後鬼というのは、山中で人々に悪さをしていた二匹の鬼であるといわれていますが、実は鬼のような心をした山賊であったと思われます。役行者によって捕らえられた後に改心し、その侍者となった。そこで、役行者のお姿が示される際には、必ず侍者として描かれるわけです。このような神秘的な役行者を、やがて修験の山伏たちは自分たちの開祖として仰ぐようになっていきます。

修験には、「山野に練行して霊験を成ずる法を修する」という意味があります。いいかえれば、「修行をして徳を顕わす」という意味になります。山に入って修行すれば、もちろん体は鍛えられるし、足腰も達者になります。しかし、それが目的ではない。修行をした結果である「徳」を顕わし、人々のために生きていく。要するに、山に入って仏性を磨き出すといえるでしょう。

二　日本各地の修験の道場

このような修験の道場が、日本各地に八十以上あり、皆、役行者を開祖としていました。その代表的なものが、近畿では葛城山脈と大峰山脈でした。葛城山脈は大阪府から和歌山県・奈良県等の県境にあり、大峰山脈は吉野から南へ延びて最後に本宮・那智山に至ります。この全コースが修験の道、すなわち山伏の修行する道なのです。

最初にも述べたように、山は神の世界であり、先祖の魂が浄化されて山に住むと考えられていました。したがって、近畿で一番大きな山が、最も大きな神の世界であるということになります。その「神」なるものは、自然現象をも司ると考えられるようになりました。雨が降れば潤沢に水を流してくれますが、洪水にもなる。このように、幸も災いも、ご先祖の恵み、あるいは怒りと考えたのです。今では、洪水や山崩れ、あるいは飢饉や不漁などは「治山・治水が悪かったからだ」「天候が悪かったからだ」などと言われますが、昔の人たちは自分たちが「先祖である神に仕えることを怠っていたから神が怒ったんだ」と考えました。つまり、災害は他者がもたらしたものではなく、私が悪かったので起こったと考えていたのです。このような「畏れ」から、やがて慰霊や供養というあり方が生まれます。それほどに人々は、山を崇め、恐れ敬っていたのです。

その大きな一例が富士山です。世界遺産に登録された富士山も、奈良朝から平安朝にかけて、平均して三十年に一回の周期で大きな噴火を起こし、今の形になりました。噴火を鎮めるために「従三位」の位階が与えられましたが、それでも噴火する。そこで「正三位」に。なおも噴火するので、「従二位」「正二位」と位階があげられました。そして、坂上田村麻呂公が富士吉田に浅間神社の拝殿をこしらえます。そこに神職を置き、その拝殿から富士の山を拝して山の神に仕えるようになる。これが、現在の浅間神社の始まりです。このようにして、山の慰霊・供養・祭事が始まっていきました。

外から拝する山そのものへの信仰から、次には山中にある滝・岩・岩窟などの霊威・奇異なるものへの信仰がさらに展開します。これが「山伏の世界」です。次の写真（一三頁）は、葛城山脈犬鳴山の滝行場です。あとでも述べますが現世の修行であるとともに滝を通して異界（冥界）と交流する場でもあります。

滝で有名な那智の滝には四十八滝あるといわれていますが、特に二の滝は百三十余メートルもある一の滝の奥にあり、幽邃な世界を表わす姿のよい滝です。このような滝の流れの奥を窮めていくと、ご先祖の神々の魂の住んでいる死者の世界に入っていくことができます。こうした死者の世界の入口に模されたのが「窟」です。次の写真（一五頁）は大峰山の「笙の窟」ですが、このような岩屋の奥へ奥へと導かれて入っていくと、そこにご先

左頁　犬鳴山の滝行場

祖の神々の世界がある。このような視点より書かれた書物が「笙の窟」を舞台とした『道賢上人冥途記』であり、そこに山伏の世界がありました。

また、山の上にある大岩は、「神の依代」と崇められました。次の写真（一五頁）は「ゴトビキ岩」とも呼ばれ、新宮にある神倉神社のご神体ですが、この岩が神の依代なのです。そして、この神に仕えるための拝殿が造られ、神社となりました。

このように、山中の霊威である自然の産物が山岳信仰者たちの崇拝対象となりました。もちろん、それはこの三パターンに限りません。たとえば、何百年あるいは千有余年もたった大木が崇拝の対象ともなっていく。大峰山脈の中には、そのような信仰対象となった大木が複数あります。また、大きな窟ばかりでなく、小さな窟も礼拝の対象になりました。そのように考えると、修験道は自然信仰という面が非常に強い宗教であるといってよいでしょう。

三　行場――自然との同化

上　笙の窟
下　神倉神社のご神体「ゴトビキ岩」

さて、時代が移り、やがて修験の教団ができるようになります。私が門跡を勤める京都の聖護院は、西暦一〇九〇年に創建されました。その機縁となったのは、白河上皇が熊野本宮に参詣なさるときに、山伏でもあった三井寺の増誉という僧がご案内したことにあります。無事におもどりになられた白河上皇より、聖を護ったという「聖」と「護」をもってする寺院を下賜された。それが聖護院です。そこで、聖護院が熊野の山岳信仰者たちを取りまとめるようになり、初めて修験の教団ができました。

その教団がさらに充実・拡大していく中で、皇室から宮さま方が入られ、聖護院の住職を歴代にわたってお勤めになられます。そして、鎌倉時代には儀式・儀礼が整い始め、それまでの山岳信仰の中に仏教的色彩が色濃く取り入れられるようになっていきます。

たとえば「頭陀」、意訳して「抖擻」と呼ばれる行は、祓い清める行です。吉野川に入って身を清める、俗にいう「みそぎ」を行ないます。どのように身を祓い清めるのかというと、「たらちねの親にもらいしからころも、今脱ぎ捨つる吉野川上」という言葉を唱えた後に「オンアビラウンケンソワカ、ナムジンベンダイボサツ」と唱えます。「たらちねの親にもらいしからころも」というのは、両親との縁をいいます。私たちは、両親の縁によってこの世に生を受け、今日がある。しかし、「今脱ぎ捨つる吉野川上」とあるように、その娑婆（しゃば）の世界での両親の縁さえも捨てていく。要するに、ご先祖の住まいする死者の世界「大峰」に入っていくために、娑婆の縁はすべて捨てていく。それが、祓い清めるということでした。こうして心身を祓い清めた山伏は、大峰山に入っていきます。山中にはさまざまな険（けわ）しい場所があり、そのような場所に特定の行場が定められるようになります。行場の中には、練達（れんたつ）の先達（せんだつ）でないと行なえないような場所もあれば、皆が一緒に実践する場所もあります。次の写真（一八頁）は「両童子岩（りょうどうじいわ）」です。右と左と二つの岩が立っており、これをお不動（ふどう）さまの左右に立つ制吒迦（せいたか）・矜羯羅（こんがら）の二童子の姿になぞらえたもので、行者はこの「両童子岩」をまわります。ここでは、よく誰かが落ちます。足が震え、手が震えて、落ちてしまうのですが、死に至らなくても大怪我（おおけが）をします。しかし、その岩と一心一体、岩の一部の思いになって回るところに、この行場の意義があります。

それから滝行（たきぎょう）。次の写真（一九頁）は、私が滝行をしているところですが、滝の中に入って不動真言などを唱える行をします。行というのは、いろいろな形で肉体を苦しめているように見えますが、決して肉体を苦しめるのが目的ではなく、そこから得るものがあります。たとえば、先ほどお話した両童子岩では岩と一体になり、岩の一部になるという体験

両童子岩

左頁　滝の中に入って不動真言など
を唱える宮城門跡

をします。また、滝行では上から相当な水圧の水が落ちてきますが、この水を受けるのではなく、滝の一部となって滝に同化する思いを持ちます。もちろん、『般若心経』一巻を唱え、「不動真言」を唱えますから、長く入っても七〜八分が限度ですが、その間におのれの心情を捨てて滝と同化するのです。

次の写真（二一頁）は、大峰山中にある行場の一つで、「鐘掛岩」といいます。真ん中の男性が右足を岩にかけていますが、これは間違いで、本当は左の足をかけなければならない。そうでないと、上へはあがれません。そこで、先達が足の置き場を指示します。山伏は常に、先達を役行者の生まれ変わりであると思い、「何事も先達に従うべし」とするのが行場での鉄則です。

四　西の覗き——自らを律する

次の写真（二二頁）は大峰山ではなく、葛城山脈の始まりの一つである「友ケ島」というところです。斜面に一本のロープが掛かっております。傾斜度は、ご覧になったとおり四十度程度です。かなりたくさんの人が上がりますが、一度に上がると大変なので、四〜

鐘掛岩

友ヶ島

五人ずつに分けます。落ちたら、ただでは済みません。このような行場もまた、精神集中の場所になります。

次の写真（二三頁）は、よく知られている大峰山の「西の覗き」です。ここで行者は先達より「正しい生き方」をたたき込まれます。このとき腰にチェーンを巻いて落下しないようにした先達が、逆さ吊りにした新客のロープをぐっと引っ張って、もう一方の手で足を支えながら、「升目秤目正しゅうせい、他人の土地をせせるでないぞ」といいます。升で量をはかる際、真っすぐの棒で盛りを平にした一升と、ちょっとアールのついた棒で平にしたものとでは、若干の違いが出ます。その差が儲けになります。また、布を秤り売りする際にも、一尺・二尺と摘まむ摘まみ方によって儲けがでます。積もり積もれば、相当の儲けになります。また、鍬で畑や田んぼを耕す際にも、あぜ道を少しこっちへ三センチでも五センチでも「せせる」ことを繰り返せば、十年もすれば自分の土地がだいぶ広くなります。このような「貪りの欲」が人には多々あり、それが不正行為を生み出します。大峰山の「西の覗き」では、このような心が先達によって正されていくのです。

私が初めて大峰に入ったのは、昭和三十年代でした。その頃はまだ、「升目秤目正しゅうせい。他人の土地をせせるでないぞ」と教えられましたが、最近では「パチンコ、マー

大峰山の西の覗き

ジャン、賭け事をするな、深酒をするな」などと、現代に合わせた具体的な言い方に変わってきています。また、学生を連れて行ったときには、「授業中に居眠りするな」などとも言っています。しかし、本来は「升目秤目正しゅうせい、他人の土地をせせるでないぞ」といって、人に迷惑をかけない真面目で正しい生き方を教えたのです。これによって、「自分で自分を律する」という修行のあり方がおのずと決まっていったのですから、「西の覗き」は修験の修行の中でも最も大切なものの一つです。

五　山念仏(やまねんぶつ)――六根清浄(ろっこんしょうじょう)の行

さて、修験の修行では、山を歩くときに「山念仏」、あるいは「掛念仏(かけねんぶつ)」といわれるものを唱えます。具体的にいえば、「懺悔懺悔(さんげさんげ)六根清浄」と唱えるのです。なぜかというと、升目や土地をごまかすなど、私たちは常に過(あやま)ちを犯しているからです。また、無意識のうちに犯している罪もあります。そのような罪を神仏に告白して、心から懺悔し、許しを請う。懺悔することによって、「眼耳鼻舌身意(げんにびぜつしんい)」という六つの知覚機能（六根）の曇(くも)りを取り除くことができるので、山を歩くときに「懺悔懺悔六根清浄」という「掛念仏」を唱えるのです。

そのテンポは早いものも遅いものもあり、さまざまです。疲れがたまっていないときや緩やかな坂道のときにはテンポは早くなり、疲れてきたり急な坂道になったときには、テンポは遅くなります。先達は歩いている人の心や身体を自分の心や身体だと感じ、歩いている人の調子に合わせて、時々にテンポを変えながら掛念仏します。先達が「懺悔、懺悔」と言えば、歩いている者も「六根清浄」と返し、掛念仏で歩速を調整するのです。それは、決して先達が大衆を歩かせているのではなく、大衆の歩みが保たれるよう、先達が大衆の歩調を計りながら進めているものです。

このとき唱える「六根清浄」の「六根」ですが、これは先にも述べましたように眼・耳・鼻・舌・身・意の六つの知覚機能のことです。これらの知覚機能をとおして、私たちはさまざまに考えます。たとえば、「あの人があなたの悪口を言っていた」といわれると、本当かどうかを確認もせず、心が曇って怒りをもちます。片聞きするということは、それほどに罪深いことです。そんな六根のあり方を正しくするのが「六根清浄」ということなのですが、常日頃、私たちの心は煩悩(ぼんのう)に犯されています。煩悩とは、心身を煩(わずら)わせ悩ませ判断を妨(さまた)げる心のことで、貪(とん)・瞋(しん)・癡(ち)の三毒煩悩を初めとして百八の煩悩があるといわれています。ちなみに、癡は真理に暗い心のことで、このような心があるからこそ私たちは、貪り（貪）と怒り（瞋）に満ち満ちた暮らしを送ってしまうのです。大乗仏教では、このような煩悩を断じきった境地を涅槃と呼び、智慧と慈悲の実践を勧めました。仏教の教えを取り込んだ修験では、六根を穢す煩悩を山中で退治するために、ただ一心に神仏に祈り、神仏の前で罪を懺悔し、祓い清める行を実践しました。山中には諸処に祈りを捧げる聖地もあり、無心に神仏に祈ることによって、六根の罪を祓い清めようとしたのです。

六　十界での六波羅蜜の実践

また、修験は大乗仏教の「十界」や「六波羅蜜」の概念も取り入れました。実は、山を歩くということ自体がすべて十界であり、六波羅蜜の世界なのです。私たちは六道（地獄・餓鬼・畜生・修羅・人・天）という生死苦悩の世界を輪廻する身であると仏教は教えますが、山を歩く中にも六道の苦しみがついてまわります。地獄も通らねばならないし、おなかがすいて喉は渇く。畜生のように重い荷物を背負って歩かねばならないし、難行苦行に対しては負けじとばかりの闘争心を起こす修羅の世界も経験します。これらの修験の行を十界（六道に声聞・縁覚・菩薩・仏を加えたもの）での修行に譬え、「仏に成る行を実践する菩薩の世界を目指せ」と教えるのが修験道なのです。その具体的な実践徳目が、布施・持戒・忍辱・精進・禅定・智慧の六波羅蜜です。なかでも、特に重要なのが布施行であり、布施行には財施・法施・無畏施の三種があります。

山歩きをしていると、山中ではすぐに水がなくなります。大きな水筒の中なのに、少しの水しか入れてもらえません。道中には水場がありませんから、一日五百ミリリットルぐらいの水で一日を過ごさなければなりません。水を飲みきってしまったら喉が渇き、どうしようもない。そのとき、「ホラ」といって、大事な自分の水筒の水を惜しげもなく差し出してくれる。たいへん大きな布施行（物施・財施）ですね。また、疲れてくるとご飯が喉を通らなくなる。そのとき、「これ食べたら元気出るよ」と、大切にとってあったトマトを出してくれる。これも物施（財施）です。一方、山中では先達がいろいろな話をしてくれます。これが法施です。また、一生懸命歩いて疲れ切っている者に「しっかり歩けよ」とはいってはならない。なぜならば、その人はすでに精一杯、歩いているからです。そこで、その人と目を合わせ、「先行くけど頑張りや」という思いを目に込めて追い抜いていく。

眼施（げんせ）という目の施しですが、これが無畏施です。これも大きな布施行の一つです。

その他、山中で規律を守ることが持戒、諸事艱難（かんなん）を辛抱することが忍辱、これらを勤め励むことが精進、一心に心を定めることが禅定。そして、これらの行を支えるのが仏よりいただいた智慧です。山歩きの中で、これらの六波羅蜜の行が完全に行なわれれば菩薩であり、「山中で菩薩さまになれるように努力をしなさい」という教えが、十界での六波羅蜜の実践という形で、修験の行に課せられているのです。一般的な説明だけではわかりにくいとも思いますので、私が実際に体験した失敗をもとに、お話をさせていただきます。

山中では、脱臼（だっきゅう）や骨折したりして落伍（らくご）につながる者を放っておくと遭難に発展するので、落伍者が出た場合は脇道から降ろします。これは六波羅蜜を行じる修験者の勤めの一つなのですが、私には苦（にが）い思い出が一つあります。それは昭和四十年（一九六五）のことでした。大峰山の前鬼で伝法会（でんぼうえ）を開くことになり、私たちは準備のために数日前から、その山に入りました。そして、伝法会の当日に百四十人ほどの山伏グループがバスに乗って前鬼口まで到着し、約三時間の道のりを前鬼まで歩いてやってまいりました。しかし、点呼すると一人足りません。「一人足りないがどうした」と問うと、「バスには一緒に乗ってきた」という。そこで、「一緒に降りたのか」と聞くと、「降りたがきっといつもの癖が出たんじゃないか」という。さらに問うと、「あの人は予定どおりに山に登らず、途中で温泉に行ったりする人だから心配いらないと思う」との返答。押し問答の末、確かめもせず、つい納得してしまいました。そして、伝法灌頂が終わった翌日には皆、山を降り、私たちも撤収して、翌々日には京都に戻りました。ところが、あの人が帰っていない。「おかしい。温泉に行ったのならもう帰っているはずだ」と思った私たちは、遭難の心配をし、数人でもう一度、山に入りなおしました。バスを降りた所からお寺までの道中を捜索し、谷側もずいぶん探しましたが見つからない。しかし、どう考えてもおかしいので隊を強化してもう一回、中一日おいて、捜索を行ないました。そして、一週間がたったとき、前鬼の裏行場という場所で、首をつった状態の遺体を発見しました。その捜索に加わっていた甥御が、「先生方すみません。おじは死ぬつもりで来たのですね。ご迷惑をおかけしました」と謝られた。うっかり当て推量の言葉を信じた落ち度は「自殺」ということで落着したが、「修験の菩薩行」を誠実に実行しなかった私たちには、先達としての資質が欠けていたといわざるをえません。それが人の死につながったのだと、深く反省しています。

また、「死」ということであれば、私自身も死の寸前を経験しました。大峰山の南部に傾斜角が四十五度以上もある大日岳があります。次の写真（三〇頁）がそうです。この岩

大日岳

肌に垂らされた鎖にぶら下がって右側から登るのですが、このとき修験者は登ったてっぺんにある五人ほどしか留まれない小さな足場の仏さまを礼拝します。その後、山の向こう側を回って降りてくるのですが、このとき私に慢心が生じました。何度も登っているので、山の向こう側まで回らなくても、足場となる棚までの二十メートル程度なら、この傾斜角度でも降りられると考えてしまったのです。しかし、私は棚に到る前に、落ちてしまいました。棚から下は百五十メートルの岩壁です。その棚を通り越して、テンテコ、テンテコ、と落ちていく。ほんの十数秒か数秒か。不思議なことに、意識を失った脳裡にその落ちる私の姿を私は見ていました。今思うと、「いったんお前は死んだのだ」と教えられたように思います。そして、気絶したのですが、このとき私は棚の上部に生えていた一本の木の股に逆さまにぶら下がるようにしてひっかかりました。やがて人の声がしたので気づき、助けられました。皆は口々に「先生の精進が良かったから助かった」とか「神さん仏さんのお陰ですね」といわれたが、私は「縁」だと思っています。生きる縁があったから死なずにすんだ。

私の友人が先年、黒部の下の廊下で百メートルも転落して若い命を失いました。彼は市民活動に熱心な人でした。決して神仏の加護ではなく、生きるも死ぬも「縁」なのです。

そう受けとめていかなければならないと、私は思っています。その縁を私は自分自身で悪縁にしてしまおうとした。何十年にもわたって何十回も上り降りした自信が慢心という煩悩を生み出してしまったのです。なぜに修験が「六根清浄」をいい、「菩薩の世界をめざせ」というのか。そのことをあらためて深く認識した私でした。

慢心を生じたところからは、必ず失敗が生じる。しかし、その失敗からまた、再出発があるのです。失敗をほっておくと、何もならない。失敗は教訓になる。私は常に自己がなした失敗と向き合いながら、山中を歩いています。一度なした失敗は二度としてはならない。山は私たちにたえず教えてくれています。神仏がというよりも、山という自然が私たちに教えてくれているのです。それが修験の世界です。

七　山中の掟(おきて)――靡八丁斧入れず(なびきはっちょうおのいれず)

さて、山伏の「山中の掟」には「靡八丁斧入れず」という御法度(ごはっと)があります。山伏は山中で、木を切るなどの無益な殺生(せっしょう)をいたしません。勝手に「いい格好の石だ」といって、山中の石を持って帰るようなこともいたしません。ただ静かに、靡(なび)き道を歩きます。「靡き」というのは尾根道です。本宮を一番として七十五番の吉野柳の宿まで、計七十五の霊所としての靡きがあります。これは「役行者が定めた靡き道」といわれているもので、そこで大峰の奥駈の道をまた靡き道ともいいます。この靡きの左右八百メートルは木を切ることが禁止されており、「命のあふれる世界」になっています。太陽は照り、雨は大地を潤し、樹木は絶えずすがすがしい風と香りを運ぶ。そして、そこにはシカもイノシシもサルもいて、人間という二足獣も一緒に歩いている。「あらゆる命のある世界」、それが靡き道なのです。かつて南方熊楠は「千年来育ってきた樹木は互いに助けあっている」といいました。熊楠の時代には、神仏分離政策によって「鎮守の森」の樹木が切り出され、建築などに使われました。そこで、熊楠は「森を守れ」といったわけで、そのお陰で熊野古道の野中の一本杉などもたくさん残りました。そんな世界が大峰には、ずっと連なっているのです。しかし、明治政府が修験道を廃止したことにより、大峰の奥駈道の支配権を持っていた聖護院や醍醐三宝院が権限を失い、この御法度もなくなってしまいました。

とはいえ、保持されてきた山中に紛れ込むと、今でも三抱え四抱えもあるような大木に出会います。そうした大径木の下には何百年もかけて積もった落ち葉の堆積物があり、うっかり足を踏み入れるとズボッと入ってしまい、水がジワーッとしみ出てきます。このようなものが水源涵養林（かんようりん）と呼ばれるものです。また、大木が倒れ伏している所には、青い立派な芽を出して、今にも伸びようとしている次世代の木があります。あるいはツタにも出会います。イノシシが姿を見せるかと思えばシカも走っていく。いろいろなものがあります。まさに「靡き八丁」こそが生命をはぐくんでいるのだということを実感いたします。

近年、自然保護が叫ばれていますが、その草分けは修験者ではなかったかと思います。「靡き八丁」の木には横や縦に這（は）う根を持った木々があり、また岩の上に育つマツもあります。いろいろな木が寄り集まって原生林をなしており、木がお互いに助け合いながら育っている。そして、その木があることによって山の地盤がしっかりと守られている。そういう世界が「靡き八丁」の世界であり、私もふと迷って足を踏み入れることで経験した世界でした。『華厳経（けごんきょう）』をもとに展開した華厳学では、このような相互に照り映える世界を「帝釈天（たいしゃくてん）の因陀羅網（いんだらもう）」という宝の網に譬えて説明しています。この網の結び目にさまざまな色の宝石がついており、それが相互に照り映えて、影響しあっている世界が私たちの世界であると説いています。この華厳の教えのような世界観が、大峰の「靡き八丁」の原生林には見られるのです。お互いが助け合いながら、一つの林となり、それが山を作っている。そんな世界を私は見たのです。そして、大乗仏教では「山川草木悉有仏性（さんせんそうもくしつうぶっしょう）」、あるいは「山川（さんせん）

草木悉皆成仏」とも説き、自然世界のものがすべて仏と成り得る本性を持っていると教えています。私が迷い込んだ原生林も、まさに「仏性」の世界でした。その世界に迷い込み、教えられ、そして私はもとの世界に戻ってきたのです。考えてみれば、私たちの社会も、親子・兄弟・先祖という小さな集団から、社会全体さらには国境を越えた世界にまで広がっていきます。このような地球のあり方は、「帝釈天の因陀羅網」と同じではないかと、私は思っています。

八　むすび

修験の修行は、先達によって教えられ、身につけていくものです。私も山に入った当初は、ほうほうの体で歩きました。そして、最初から最後まで身体のぶれない悠々とした先達の歩き方を見て、学びました。先達と自分とを比較することで、及びもつかない自分の姿が見えてくる。人を見て学び、また自然によって教えられる。それが修験なのです。

さらに、修験では法螺を吹きます。法螺は、出発・集合、あるいはお勤めなどを教える合図です。山中では四キロ離れていても聞こえます。その法螺の音を聞くと、誰が吹いていている法螺か、疲れているか否かもわかります。あるいは、法螺を聞くことで「頑張らねば」と発憤もいたします。先ほど述べた「掛念仏」と共に、法螺は情報伝達の手段なのです。こうした情報伝達の中に身を置いていると、人の目を見たらどの程度に疲れているか、どの程度に喜んでいるか、そういったこともわかるようになってまいります。人の息の仕方を後ろから見て、その肩の上がり下がりで、その人の状態がわかるのです。何もいわなくても情報が伝わってまいります。

現在は情報の氾濫する時代だといわれていますが、それらの情報はパソコンやスマホを通して文字になって入ってまいります。しかし、そこには何の感情もありません。「昨日は疲れた」と書かれていても、どの程度疲れているかがわからない。手紙ならば文字を通して感情も伝わってまいりますが、打ち出した活字ではわかりません。

また、今日の豊かな世界では物があふれ、人の「貪り心」をかきたてます。仏教では昔から、「少欲知足」と教えてきました。できる限り使わないという意味ではありません。物を生かして使う、あるいは物を生かして生きるという意味です。山中でお弁当を開いたときに、うっかりたくわんを落としたら、私たちは「あー、もったいない」といって、土を拭って食べます。これが命を生かしきるということであり、物に対する感謝なのです。少ないものを感謝していただくから、そこに十分な喜びが生まれてくるのです。

学生を山上岳へ一緒に連れていった折りのこと、「先生、今日の山の食事、最近食べたことがないほどおいしかった」と学生がいいました。実際は乏しい食事です。ご飯のおかわりは自由ですが、ついているのはお汁と煮染・蒟蒻・椎茸・高野豆腐・豆、それに漬け物のみ。それだけの夕食なのに、「こんなうまいご飯は久しぶりです」という。なぜでしょう。それは、山上岳にあがるまで、「懺悔懺悔六根清浄」といって行場を一生懸命に歩いてきた後で、感謝の思いをもって「いただきます」と食べたご飯だったから、おいしかったのです。すべては感謝が土台となって、そこに少欲知足の本当のすがたがあるのです。

私たちが感謝をすることを忘れてしまうと、恵みが恨みに変わります。自然界の恵みによって生かされていることに心から満足して暮らさなければ、不満が生じ、苦悩が生まれます。江戸時代の天明頃の白河藩主であった松平定信は、「こと足れば、足るにも慣れてなにくれと、足るが中にもなお嘆くかな」と述べています。「足る」に慣れてしまうと、なお欲しいと思うようになり、十分に足りているにもかかわらず人は嘆くものだと教えているのです。白河藩では天明の大飢饉の折に一人の餓死者も出さなかったと伝えられていますが、それは平生より「足るを知る」暮らしを心がけていたからだろうと思います。しかし、今の時代は足るを知らない。はたして、これでいいのだろうかと思います。修験の中で学んでくると、「感謝して生きる、少欲知足で生きる」ということを教えられます。そして、一本のたくわんをありがたく感謝していただくあり方が身についてくると、六波羅蜜にも示される智慧がいただけるのです。

　戦後七十年が経過して豊かな時代になりました。しかし、豊かさの反面、自然が犠牲になりました。その犠牲の上にある豊かさなのだということを私たちは知らなければなりません。明治の頃の国会議員であった田中正造は足尾銅山の公害を告発する中で、「真の文明とは山を荒らさず、川を荒らさず、村を破らず、人を殺さざるべし」と述べました。自然を大切にするところに、実は私たちの本当の平和があるのです。これからも社会はさまざまに変わっていくでしょうが、自然を大切にする、地球を大切にするという心を育てるところに、諍いを起こさず人を殺さない平和が実現するのであり、これが田中正造のいう「真の文明」であると思います。

　ところが、私たちは自然を破壊し、諍い、殺し合う世界を作り出しています。これは三毒煩悩に邪魔されて六波羅蜜のはたらかない世界といってよいでしょう。貪欲という欲望は、怒りを初めとするさまざまな煩悩を引き起こします。自分にとって都合のいいものは善、都合の悪いものは悪だと決めつけ、諍いを起こし、人殺しや戦争を引き起こしていきます。近年、戦争法案が可決されたので、「平和」が意識され、強く叫ばれるようになりました。世界は因陀羅網のように相互に関連しあって存在していると皆が考えるようになれば、各々の正邪善悪を超えて「平和」が実現していきます。これは政治の世界の話ではありません。私たちの信仰の世界、修験者の世界の話です。そのことがわかるようになるため、行なっていかなければならないのが「修行」です。

山を歩くと、自分の力量を超えた以上のことをして山を歩いているのではないことがわかります。そして、自分の力量以上のことができるのは、修験者相互の助け合いによってであることもわかってまいります。私の持てるものを超えない生き方を山が教えてくれたのではないかと思います。近代文明が盛んになった今でも、「鈴懸」という衣を着て、古色蒼然たる世界に入り込んで修行をしている者たちがいるのだということを理解し、覚えておいていただければ幸いです。

回峰行のこころ

◉光永覚道
北嶺大行満大阿闍梨

無動寺谷回峰行のルート

一　三つの回峰行

回峰行は、建立大師相応和尚（八三一―九一八）が創始した比叡山伝灯の行法です。この行には一年間で百日ないし二百日しか歩けないという制限があり、最長で十年、最短で七年かかります。七百日目の修行が終わると九日間の「堂入り」を行ないますが、堂入りが終わると「当行満阿闍梨」と呼ばれるようになり、千日満行の後には「北嶺大行満大阿闍梨」の称号を受ける由緒ある行法です。

回峰行を行なう比叡山は東山三十六峰の第一峰ですが、山上で約十キロ、山下で約三十キロもある大きな山です。その中に、東塔・西塔・横川の三塔、つまり三つの地域があり、十六の谷に分かれています。まず、東塔地区には回峰行の本拠地となる明王堂のある無動寺谷と東西南北の谷を入れた五つの谷があります。次に、西塔にも東西南北の谷と黒谷を加えた五つの谷があります。最後の横川には、解脱谷・般若谷・飯室谷・都率谷・戒心谷・香芳谷という六つの谷があり、全部で「十六谷」となります。延暦寺という一つの国があるとすれば、その中に東塔・西塔・横川という三つの県があり、また三つの県の下に十六の都市があるという構造になっていると理解していただければよいでしょう。したがって、通常のお寺のように一伽藍を延暦寺というのではなく、三塔十六谷にあるすべての堂舎が集まって一寺をなしているのが、「延暦寺」なのです。

では、なぜこのように三塔十六谷に分かれたかというと、比叡山に天台宗（日本天台宗）を創始された伝教大師最澄（七六七—八二二）が伝えられた中国天台宗の教えが多岐に及んでいたためで、やがてこれを十六の部署で互いに競争しあいながら研鑽・修行していく形ができました。ですから、回峰行も実は三流あります。私の前に酒井雄哉大阿闍梨がなさった回峰行は「飯室回峰行」であり、横川の飯室谷にある飯室不動堂を根本道場とした回峰行でした。この回峰行は長らく途絶えていたのですが、昭和五十年（一九七五）に酒井雄哉大阿闍梨が、師であった箱崎文応大阿闍梨ならびに宮本一乗大阿闍梨という二人の先達のご指導を受け、復興なさいました。また、西塔を出発して延暦寺の中を巡拝していく西塔地区の回峰行もあります。この回峰行は、正教坊流と呼ばれました。一方、私が行なった回峰行は今日世に広く知られている無動寺谷の回峰行であり、東塔地区で継承されてきた回峰行でした。このように回峰行にも三流あって、それぞれ競い合いながら伝灯の行が実践されてきたのです。

朝靄のなかを進む光永大阿闍梨

二　無動寺谷の回峰行

比叡山延暦寺東塔地区の無動寺谷には、不動明王をご本尊とする「明王堂」というお堂があり、ここが回峰行の根本道場になっています。この明王堂の「不動明王」をご本尊として、比叡山の三塔十六谷を巡拝して歩く修行が、「回峰行」と呼ばれる伝灯の行です。最初の七百日までは、東塔・西塔・横川という三塔の寺院などを礼拝しながら横川まで行き、それから尾根道伝いに滋賀県の琵琶湖側の日吉大社(ひよしたいしゃ)にお参りし、延暦寺の門前町である坂本の街を横切って無動寺に帰るという、一日七里半のコースを歩きます。七里半という距離は、現在の単位に換算すると約三十キロになります。その間、二百六十余の礼拝箇所を「但行礼拝(たんぎょうらいはい)」して歩きます。無動寺の回峰行は「巡拝行」ともいわれるように、神社・仏閣はもちろんのこと、霊石・霊水・霊木にいたるまで、いろいろな神さま仏さまをお参りします。今の時代の人たちの中には、「仏教の修行なのになぜ神社にお参りするのか」と不思議がられる方もありますが、実は「神仏習合(しゅうごう)」といって、神さまと仏さまは互いに補完し合いながら、それぞれの役割をなすという考え方があり、明治時代になるまでは神さまと仏さまは一体のものと考えられていました。ですから、回峰行では比叡山の氏神(うじがみ)

である日吉大社にもお参りします。日吉大社の山王鳥居の正面には、遥か彼方に「伊勢神宮」があります。「伊勢神宮」は大日如来の化身ともいわれていますので、私たちはそこで必ず「伊勢神宮」を遥拝します。明治政府は神仏を分離してしまいましたが、回峰行は分離する以前から行なわれてきた修行ですので、神社の神さまも「仏さまである」と見て、私たちは礼拝しているのです。

このように、東塔・西塔・横川という三塔に点在する二百六十余箇所を「但行礼拝」して歩く修行が回峰行です。回峰行は「歩行禅」ともいわれるように、歩くことによって身口意の三業を整えます。「身」は身体、「口」は呼吸、「意」は心です。心を整えて「但行礼拝」する。『法華経』を大切にした詩人の宮沢賢治は「雨ニモマケズ　風ニモマケズ」という言葉を残していますが、実は天台宗の根本経典である『法華経』の中の「常不軽菩薩品」に、ひたすらに礼拝をするという教えが説かれているのです。その教えにならって、雨にもまけず風にもまけず、ひたすら仏さま神さまを礼拝する修行が「但行礼拝」の回峰行なのです。

そのコースも決まっています。無動寺谷明王堂の「不動明王」の前から礼拝を始め、東塔地区の根本中堂のご本尊である薬師如来さま、西塔地区の釈迦堂（転法輪堂）のご本尊である釈迦如来さまを順次に礼拝し、そこから尾根伝いに横川に入り、横川中堂の聖観音菩薩さまを礼拝します。また、横川を開かれた慈覚大師円仁（七九四―八六四）のご廟所にもお参りします。この時点で、だいたい夜が明けます。そこから尾根道伝いに坂道を下り、日吉大社の奥の院である八王子という山に入ります。奥の院の神さまを礼拝した後、日吉大社の境内地にある東本宮と西本宮のすべての神さまを礼拝し、坂本の街を横切って無動寺に帰る。この全行程が七里半になります。

この間、「ここでこのように止まれ」「ここではこのようなお経と真言を唱えよ」等々、いろいろな決め事があります。ことに真言は、それぞれの尊者によってみな違います。たとえば、明王堂のご本尊である不動明王は「ナマク・サマンダバ・サラナン・センダマカロシャナ・ソワタヤ・ウンタラタ・カンマン」、根本中堂のご本尊である薬師如来は「オン・コロコロ・センダリ・マトウギ・ソワカ」または「オン・ビセイゼイ・ビセイゼイ・ビセイジャサンボリギャテイ・ソワカ」、釈迦堂の釈迦如来は「オン・サルバシチケイ・ビシュダラニ・ソワカ」、横川中堂の聖観音菩薩は「オン・アロリキャ・ソワカ」、また地蔵菩薩ならば「オン・カカカ・ビサンマエイ・ソワカ」、阿弥陀如来であれば「オン・アミリタ・テイセイ・カラ・ウン」等々となります。これらの真言をご本尊の前でお経を唱えた後に誦して礼拝するのが本当なのですが、二百六十余箇所ごとに立ち止まって唱えていたのでは廻りきることができません。そこで回峰行者は、次の礼拝箇所までに歩きながらお経を唱え終わり、その場所に着いた途端に仏さまの真言を唱えます。そして、次の場所に向かってまた歩き出すのですが、これらの一連の流れの中で、回峰行者は身口意の三業を整え、仏さま神さまを礼拝するのです。

ところで、真言には最後に必ず「ソワカ」という言葉がつきます。これは、直訳すると「成就する」という意味になります。真言というのは、基本的には「あなたにはこのようなことを成就する力があります」といっているのだと思ってください。人は誰しも褒められて悪い気のする人はいません。仏さまも一緒です。この真言を聞いて仏さまは「ああ、そうか」とうなずき、私たちの願いごとを聞いてくださいます。要するに、真言とは「あんたは偉い」といっている言葉だと思ってください。「あんたは偉い。偉いのだから私のお願いを聞いてほしい」というのが真言だと思って唱えていただけたら結構です。

ところで、今まで回峰行で歩く七里半の距離をとりあえず約三十キロといってきましたが、実際には二十五キロぐらいしかありません。私だったら四時間あまりで廻れます。今年も「百日行者」といいまして、回峰行の新行である「百日行」をする者がたくさんやって参ります。その者たちに礼拝箇所がすべて書かれた「手文」を渡します。実際に行に入る一週間前を「前行」といいますが、前行中に手文をすべて書き写して、それを持って第一日目にのぞみます。第一日目には、先達である阿闍梨から「ここではこういう仏さまに対してこのような真言を唱えなさい」「ここからここまではこのようなお経を唱えなさい」という「口伝」も受けます。そして、次の日から一人でお参りをしていくことになるのですが、比叡山のことを全く知らずに深夜に山の中を歩くのは、なかなか大変です。私は幸い、比叡山に小僧であがり、師匠が新行さんたちに口伝する際に一緒にお伴をして廻った経験があるので、大体の場所は知っていました。しかし、その折は手文をまだ持っていませんでしたので、どんなお経や真言を唱えるかまでは知りませんでした。そして、私が口伝を受ける段になって、「ああ、この場所ではこの仏さまをこのようにして礼拝するのか」と腑に落ちたものです。しかし、地方から来た比叡山のことをよく知らない新行さんには、なかなかわかりません。ですから、実際は真言を唱えながら四時間あまりで歩けるはずの距離なのに、四時間半も五時間もかかる場合が多いのです。

その距離は、先ほどもいいましたように実際には二十五キロほどですが、昔から七里半とされてきました。なぜかというと、「八」という数に意味がありました。仏教では私たちには八つの心（識）があるといい、その第八番目の阿頼耶識が修行のはてに悟りの心に

すべての神仏を「但行礼拝」する

なると説きました。この点より、満位の悟りを「八」であらわし、悟りに近づく修行の行程を八里未満の七里半で表現したのです。したがって、七里半を歩く回峰行は、悟りを得るための修行ではなく、悟りに近づくための修行だったのです。

三　礼拝の諸尊

回峰行の折に礼拝する根本中堂のご本尊は薬師如来、釈迦堂のご本尊は釈迦如来、横川中堂のご本尊は聖観音菩薩です。天台宗では、仏さまを仏部・蓮華部・金剛部の三種に分けます。仏部というのは釈迦如来・薬師如来・阿弥陀如来などの如来さまのことで、これらの如来さま方は必ず「誓願(せいがん)」を立てます。「私はこのような願いを成就したい」「このような願いを成就する力を得たい」と誓い、修行を重ねて願いを成就する力を得て、ついに悟りを開いて仏さま（如来）に成られます。たとえば、薬師如来は人々の心身の病を治す力を得たいと願って修行を重ねられ、ついに願いを成就する力を得て薬師という名の如来に成られました。今であれば何でもない病気でも、奈良・平安の昔はどうにもならない大変な病気だったものがたくさんあります。ですから、皇族・公家あるいは地方の豪族などの権力者たちは、常に一族の健康を願って、薬師如来さまをご本尊とした寺院を寄進しました。ですから、奈良県に行くと薬師如来をご本尊にしているお寺がたくさんあります。したがって、薬師如来というのは、私たちの「現在」を救って下さる仏さまであったということになります。

一方、西塔釈迦堂のご本尊である釈迦如来は「過去」の仏さまです。皆さまもご存じのように、お釈迦さまは今から二千五百年もの昔、インドの釈迦族の王子としてお生まれになりました。何不自由のない生活を送っておられたのですが、ある時、城の東・南・西の門から出遊しようとした折、老人・病人・死者をご覧になり、どの人にもやってくる人間苦のすさまじさを思い知られたといいます。そして、北門から出た時に穏やかな沙門の姿をご覧になり、王子の位を捨てて出家なさいました。しかし、苦行林で修行を重ねても真実の悟りを得ることができず、ついに苦行を捨てられて菩提樹のもとで禅定瞑想に入られ、生老病死の四苦を超越した悟りの境地に至られます。そして、その後の人生のすべてをかけて人々に教えを説き続けられるのですが、その教えとは人間苦を超克し、生死輪廻の苦悩から解脱する道であり、またいかに人間らしく生きるかという生き方を説諭するものでした。今、私たちが聞いている教えはすべて、過去仏であるお釈迦さまが説いて下さったものであり、そのお釈迦さまをお祀りしているのが釈迦堂なのです。

また、東塔の阿弥陀堂や西塔の常行堂のご本尊は、来世の如来である阿弥陀さまです。臨終来迎といわれるように、阿弥陀さまは臨終時に来迎して下さり、極楽浄土に迎え取ってくださいます。私もそれを信じて疑わず、礼拝してまいりました。その点では、「未来」の仏さまといってもよいでしょう。

次に、蓮華部の仏さまが菩薩さま方です。地蔵菩薩とか観音菩薩などのように、私たちに近しい仏さま方が菩薩さまです。いつでもお悟りを開けるほどに修行を積んでおられるのですが、少しでも多くの者たちを救い、一緒に悟りの世界に入りたいと願われ、今でも菩薩の身のまま修行を続けておられる方々です。その下に金剛部というのがあります。金剛部の仏さまは、愛染明王とか不動明王、大黒天・毘沙門天・聖天等々の天部の仏さまになります。これら天部の仏さま方は、商売したら「金儲けがしたい」、習いごとをしたら「上手になりたい」という人の持つ欲の願いを縁として、人々を仏さまの世界に結びつけようとしている神々のことです。ですから、天部の仏さまには商売繁盛の神さまが圧倒的に多い。弁財天とか毘沙門天などのように「天」（神）とついてはいますが、いずれも本質は仏さまです。また、明王部の仏さまは、不動明王とか愛染明王などで、だいたい怖

左頁　牛尾社（日吉大社）

いお顔をなさっておられます。そのようなお顔を「忿怒相」というのですが、それは人々の煩悩に向けられたものであり、本当は人々を教化する優しい心の仏さまです。ですから、さまざまなご利益を持ち、私が普段お参りをさせてもらっているお不動さんなどは、「息災」のご利益を持つ健康祈願の仏さまとして知られています。

このように、たくさんの仏さま方がおられますが、いずれも「伏し目」です。これは、仏さま方が高い位置にお祀りされているからです。また、私たちは祈念する時、必ず数珠を擦ります。浄土真宗などは擦りませんが、天台宗や真言宗などは擦ります。あるいは「拍掌」といって手を叩いたり、「弾指」といって指を鳴らしたりします。これは、いずれも仏さま方に気づいてもらうためにするものです。仏さまは悟りきって心が穏やかなので、黙ってお参りしていては気づいてもらえないのです。そのことを知らない人たちは、鳥居の浄刹結界の外（神域の外）から手を合わせ、「毎日、氏神さまの前で頭を下げているのに何もよいことがない」と愚痴をこぼされます。しかし、神域の外から無言で手を合わせていても、神さま（仏さま）はなかなか気づいてくれません。そこで、神社仏閣には鈴や磬子や太鼓といった鳴り物が必ずあるのです。その点では、家庭のお仏壇にも鳴り物があり、また神社では「柏手」も打ちます。これらはすべて行者の行のあり方からきたものともいえるでしょう。

四　仏に近づく行

比叡山には、伝教大師（最澄）の残して下さった「一隅を照らす」という言葉がありま す。いろいろな解釈がありますが、要するに「自分の与えられた場所で自分に与えられた ことを精一杯になす」ことといってよいでしょう。その積み重ねが菩薩行であり、それが 成就した時に初めて仏に成るのです。七里半は悟りに近づくための修行を意味し、悟りき るための修行ではないというのが回峰行の基本です。

したがって、悟りきる必要はなく、また無事に満行できる保証もありません。回峰行も 七百日を終えると、その日の昼から「堂入り」という修行に入ります。堂入りの際には、 行者は「断水・断食・不眠・不臥」（飲まず食べず寝ず横にならず）で過ごします。医学 的には、三日ないし四日が限界だといわれています。なぜでしょう。水を飲まないからで す。断食するなら三十日程度はできますが、断水となると四日が限界。なぜならば、人間 の体は七十パーセントが水分で出来ていて、水が替わらないと尿毒症になってしまうか

堂入り

らです。私が堂入りをする時、先達の阿闍梨さんが「血尿が出るが気にするな」とアドバイスして下さいました。そのアドバイスのとおり、四日目に血尿が出ました。水を飲んでいないので脱水症状になるのですが、毒素を出すために身体は尿を出す。その際、一番水気の多い血を削るのです。したがって、回峰行は命を削って行なう「行」であるということがわかります。

比叡山には「十二年籠山行」があり、その最中に回峰行を行なっていますので、病気になっても山から下りることはありません。また、「精進潔斎」といいまして、肉や魚はもちろんのこと、大蒜・韮・葱・辣韮・野蒜などの五葷と呼ばれる、においのきつくて臭いものも食べません。口にするものは完全な精進料理で籠山行を行ないます。しかし、堂入りの時には断食し、食欲を絶つのです。

さらに行者は、不眠・不臥します。「一週間も眠らないって考えられない。どこかで寝ているのでは?」と問われる方がたくさんおられます。しかし、寝ていません。眠くもありません。なるほど、堂入り以外の回峰行中においては、睡眠をとっていました。私の場合は、だいたい午後九時に寝て午後十二時半に起き、修行をしていましたので、睡眠時間は基本的には四時間弱ありました。「京都大廻り」という難行の際にも、三時間弱の睡眠をとりました。ところが、九日間の堂入りの間は、まったく寝ませんでした。また、横になって身体を休めることもしませんでした。断食・断水・不眠・不臥というのは、人のもつ食欲・睡眠欲・色欲の三欲を離れることを意味しています。いずれも人にとっては心地（ここち）よいものばかりですが、それを否定し、その欲から離れることによって仏に近づこうとするのが、堂入りの目的なのです。

欲の三つ目は色欲です。これは、出世欲とか金銭欲とか性欲とか、いろいろな欲をすべて一まとめにしたものです。その点では、仏に近づきたいという回峰行も欲ですが、これは「貪欲」という煩悩ではなく、仏道を増進させようとする「大欲」になります。仏教では本来、欲は煩悩ではありません。何ものかを得ようとする「希望（けもう）」の心であり、この心が仏道を希望すると、勤精進（ごんしょうじん）するようになるのです。ところが、貪（むさぼ）りの心である「貪」と結びつくと、「私が、私が」といい出し、良くない結果をもたらします。煩悩の場合の欲は、「よぶんなくるしみ」と書いて、略して欲というのです。煩悩の欲は、出せば出すほど苦しみがたくさんやってまいります。そこで、回峰行では九日間の堂入りをして、人間の根本的な欲である食欲と睡眠欲と色欲から離れようとするのです。具体的には、断水・断食によって食欲から離れて、不眠・不臥によって睡眠欲から離れ、そして一心に礼拝することによって色欲から離れるのです。ですから、煩悩の欲を離れて初めて仏さまに近づくことになります。堂入りの修行をしている行者は「生身の不動」と呼ばれ、生き神、生き不動として信者の皆さんに尊ばれています。これは、煩悩の欲を離れて仏と一体になろうとし、一心に礼拝しているからです。この時、行者はまさしく不動明王に成っているのです。

五　化他行としての大廻り

九日間の堂入りを無事に終えると、行者は「当行満阿闍梨」の称号をいただきます。それまでは単に「行者」と呼ばれているのですが、堂入りが終わった段階から阿闍梨と呼ばれるようになります。そして、その次の年にいよいよ京都市中にまで足をのばす「大廻り」という修行を行なうことになります。堂入り前の七百日までは自利行です。あくまでも自身が仏に近づくために自身を利する修行です。そして、仏に近づくことが許されたか否かの審査が堂入りであり、堂入りが無事に終わった段階で当行満阿闍梨となり、初めて人々を利する化他行（利他行）の実践を行なうようになるのです。それが「大廻り」と呼ばれる行です。

堂入りを無事に終えた当行満阿闍梨はまず翌年、比叡山から雲母坂を登り降りして西坂本（現・京都左京区修学院）にある赤山禅院までの六十キロを歩く「赤山苦行」と呼ばれる過酷な行を行ないます。そして、七年目の最初の百日をかけて、無動寺から東塔・西塔・横川・無動寺・雲母坂・赤山禅院・真如堂・八坂神社（感神院）・清水寺・六波羅蜜寺・因幡薬師・五条天神・神泉苑・北野天満宮（北野宮寺）・上御霊神社（上出雲寺）・下鴨神社・河合神社を巡拝し、また再び京都洛中洛外を廻って比叡山上の無動寺へ戻る一日八十四キロにも及ぶ「大廻り」を行ないます（七〇頁 地図参照）。この行は一日八十四キロも歩く過酷なものですが、大廻りの場合は通常とは異なり、行き帰りの二日で一日と見なされます。しかし、午前一時頃には比叡山を出発し、夜の七時過ぎまで巡拝するのですから、かなり過酷なものです。私の時の京都市内の宿舎は護浄院でしたが、午後七時頃に宿舎に着くと午後九時には寝て、午後十一時半には起き出し、また午前一時過ぎになると出発していました。この九百日（八百一日～九百日）の「大廻り」が、人々のために勤める化他行（利他行）になります。この行が済むと、残りの百日はまた山上山下の一日七里半の自利行に戻り、再び自らの徳を積むための行を実践します。「百日行なう」といってはいま

大廻り

すが、必ず七十五日目をもって千日に代える習わしがあります。なぜ二十五日を残すのかというと、千日完遂すると仏に成ってしまうからです。肉身を持っている以上は、飲食・睡眠などの欲ある生活を送らざるを得ません。人としての生活を送っていく上では、煩悩の欲（貪欲）を離れることができないのが人間です。ですから九七五日で終えるのですが、私は「二十五日を一生かけて修行しなさい」「日々、精進しなさい」というのが回峰行の精神であると理解しています。

実のところ、私はその後に阿闍梨として十一年間にわたって百日行を実践する人たちの指導をしながら、合計すれば千日以上の道のりをさらに歩いています。しかし、自分の行としては九百七十五日をもって終えたと思っており、残りの二十五日を仏に近づくための道のりであると理解しています。もっとも、酒井雄哉大阿闍梨のように、残りの二十五日を歩ききってしまわれた方もあります。「他にすることがない」といって、再度千日、合計二千日を歩かれました。そのような偉大なお方もおられます。

六　回峰行の「こころ」

回峰行という修行には、「堂入り」「大廻り」、その後の十万枚の「大護摩供」という三つの苦行があります。本当に自分の命を削って行なう修行であると思います。

お坊さんになる前は魚釣りが好きで、夜の十一時ぐらいまで仕掛けを作っていました。なのに、目覚ましに頼ることなく、午前二時とか午前三時とかには起きました。好きなことをしているので、まったく苦になりませんでした。回峰行も自分が好きでさせてもらったという気持ちが強かったので、目覚ましなど不要でした。

今いるお寺ではときどき目覚ましを止めてもう一回寝ることがあるのですが、幸せを感じます。しかし、諸事に忙しく、バタバタと暮らしています。一日のリズムがいいので、必ず朝五時には起きて、分刻みで予定を組んでいます。非常に生臭坊主で、まだタバコをやめられません。タバコを一本吸うのに五分かかるので、五分寝坊するとタバコが一本吸えなくなります。しかし、今の暮らしは回峰行をした後の二十五日のひと時ひと時です。仏に近づくための二十五日。この二十五日の修行を臨終の時まで一心に行ない、「今、悟りの世界に近づくための修行を重ねている」という気持ちを忘れないようにしたいものだと思っています。

私の前に千日回峰行を満行された叡南俊照大阿闍梨に、当時の天台座主であった山田

千日回峰行満行後、御所に
土足参内（どそくさんだい）する光永大阿闍梨

恵諦師は、お祝いの言葉として「楽志」と書かれた色紙を贈られました。「志を楽しむ」と書いて「楽志」――。自分の思いを楽しむ。実に良い言葉だなと思います。私もまた、回峰行を楽しみました。苦しいことを楽しめるということが、一番大切なのではないかと思っています。自分が志したら、何でも楽しみに変わっていくものです。

お寺のお世話をして、お饅頭やお酒をもらう。持って帰ったら嫁に渡さなければならないと考えると苦になります。ことに一升瓶は重たい。しかし、途中で食べたり飲んだりして自分の身にしてしまえば楽です。苦労というのは基本的に身につけたら、どんどん肥やしになって、人を育てるのです。感謝させてもらうことによって苦労が身につきます。文句をいっていると、苦労を背負って歩かなければならなくなります。苦労ばかりが増えていけば、どんどん重たくなって苦労顔になり、誰も話を聞いてくれなくなります。結局、苦労や不幸というのは自分が招いているものなのです。ですから、あくまでも幸せになるのは自分の努力の成果であって、幸せだなと感謝をさせてもらうことによって、本当に幸せになっていくのです。それがまた、仏に近づいていくということなのです。

回峰行と同じですね。いや、それこそが「回峰行のこころ」なのです。人生において苦労を楽しむ、志を楽しむ、人生そのものを楽しむ。このように暮らすところに回峰行に伝わる「日々好日（にちにちこうじつ）」があるのです。ある意味、毎日毎日が修行であり、感謝の暮らしの中で自分のなすべきことを見つめ、生活していっていただきたいものです。

若き日の親鸞聖人

◎浅田正博
龍谷大学名誉教授

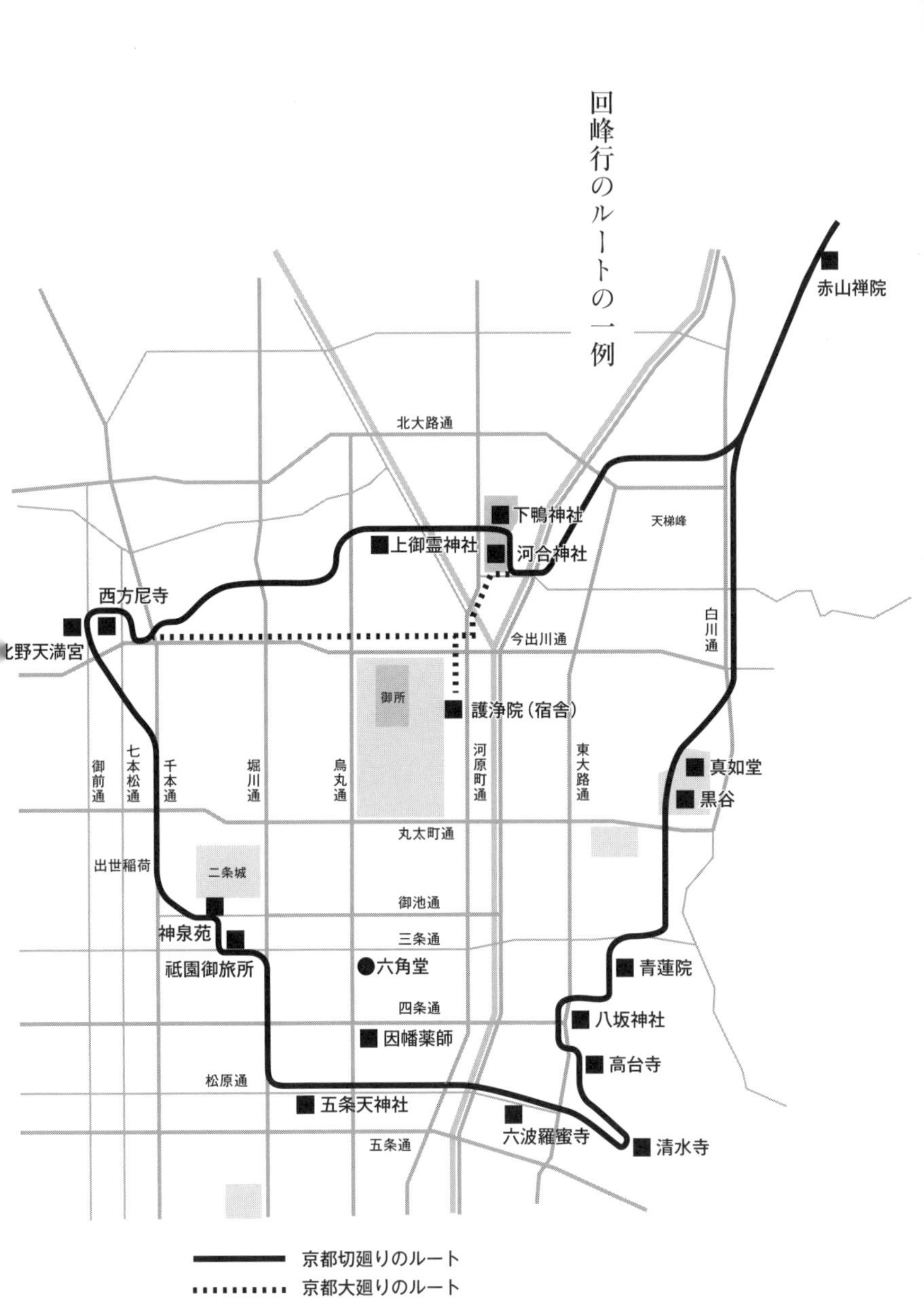
赤山禅院
北大路通
下鴨神社
天梯峰
上御霊神社
河合神社
西方尼寺
野天満宮
白川通
今出川通
御所
護浄院（宿舎）
御前通
七本松通
千本通
堀川通
烏丸通
河原町通
東大路通
真如堂
黒谷
丸太町通
出世稲荷
二条城
御池通
神泉苑
三条通
祇園御旅所
六角堂
青蓮院
四条通
八坂神社
因幡薬師
高台寺
松原通
五条天神社
六波羅蜜寺
清水寺
五条通
京都切廻りのルート
京都大廻りのルート

回峰行のルートの一例

一　はじめに

奈良を「南都」と称するのに対して比叡山を「北嶺」と呼びます。その比叡山での「北嶺修験」の流れを受けて、十世紀頃から「回峰行」が伝統的に行なわれてまいりました。回峰行の行者は真っ白の衣を着て、刀を持って歩きます。まだ若かったころ私は、「どうしてそのような刀を持たれているのですか?」と行者さんにお尋ねしたことがありました。すると、「病気になったり骨折したりして、もう歩けないという状況になった時に、切腹するためです」とのご返答でしたので、私は不思議に思いました。仏教では本来、「修行ができなくなったら命を絶て」とはいいません。どうも神道の影響を受けたのではないかという気がいたします。たとえば神事であったといわれる大相撲ですが、最後に出てくる行司さんは刀を持っています。あの刀は本来、勝ち負けの判定を「差し違え」た時に、腹を切るための刀だそうです。そのような神事のあり方が回峰行にも入り、「行者の刀」になったのではないかと考えています。

「我が行ならずんば腹を切って死に果てる」。それほどに命懸けの修行が回峰行なのですが、この行を親鸞聖人（一一七三―一二六二）もなさっていたであろうと、私は考えています。なぜならば、比叡山には今も親鸞聖人の「蕎麦喰い木像」の伝説が残されているからです。本日は、修験道についての宮城泰年先生、回峰行についての光永覚道先生のお話を受けまして、回峰行と親鸞聖人についてのお話をしたいと思います。

二　比叡山と私

私は浄土真宗の僧侶ですが、「天台学」を専門に学び、研究してまいりました。なぜかというと、若き日の親鸞聖人が比叡山（天台宗）に籍を置かれ、二十九歳の時に比叡山を下りて阿弥陀仏の誓願に出遭われ、「生死出づべき道」を見い出されたからです。二十年間かけて一心に研鑽された比叡山での学問・修行があってこその出遭いであったと考えた時、真宗を学ぶ基本として天台学を学ばなければならないと思うようになりました。その結果、天台学を専門とする研究者となりましたが、一番ありがたかったのは叡山学院への出講を依頼されたことです。叡山学院は天台宗のお坊さんを養成する学校であり、十年ほど勤める間に、よいご縁を度々いただき、行者さんとも親しくさせていただきました。

この十年の間に私が知りたかったことの一つは、「親鸞聖人が比叡山でどのような修行をなさったのか」ということでした。これについては現在、まったく明らかにされていません。今一つは、「親鸞聖人がどうして山を下りられたのか」ということです。一般的には「比叡山が堕落していたからだ」などといわれますが、本当に堕落していたのならば二十年間もおられるはずがありません。一年もいれば、堕落しているか否かはすぐにわかります。親鸞聖人は真摯に仏法を求め、命がけで修行しておられたからこそ、二十年間も叡山に留まっておられたと、私は考えます。

私は十年間にわたる叡山学院での縁を頂戴し、酒井雄哉師という行者さんと親しくなりました。酒井師は、私が叡山学院へ初めて出講させていただいた時、まだ学生でした。当時は叡山学院も六年制であり、最終学年の学生として論文を書き、また修行もなさっておられました。その酒井師の師匠が、私の先輩にあたる天台学者の小寺文穎先生でした。そんな関係から叡山学院へ出講するようになりましたので、絶えず小寺先生のお寺へ寄せていただいておりました。すると、そこにまだ小僧生活中の酒井師がおられたのです。

そのような酒井師が後に二回にわたる一千日回峰行を満行されるのですが、最初の一千日回峰行の最中に刀を使わなければならないぎりぎりの状況に至られたというのです。私はその話を生々しく聞かせていただきました。

回峰行をしている最中に、左足に「そげ」が刺さったのですが、そのままにして歩いているうちに腫れ上がってヒョウ疽になって歩けなくなりました。行者が歩けないということは「刀を使う」意外にありません。そこで腹を切る覚悟をして、大きな岩の上へ上りました。そして、刀を出したのですが、腫れた左足の親指が憎くて仕方ありません。これがなければ千日回峰行を遂げられたのにと思うと、腹を切る前に、腫れ上がった親指を刀で縦にバサッと切っていました。すると、風船を割るように血膿がバーッと飛び散ったのです。そして気を失い、三十分もたったでしょうか、雪の冷たさで目をさましました。気づいてみると、周りは血膿で真っ赤になっています。腫れていた足は中の血膿がすべて出て、左右の足が同じ大きさに戻っていました。これならば歩けると思い、腹を切らずに歩き出しました。すると、親指を縦に切っているので、傷口がパカパカと開くのです。そこで、横に流れている小川で指をきれいに洗い、草で縛って歩いたのです。

なんとも恐ろしいとすら思える話ですね。これが自力聖道門の修行の実態です。しかも修行中は医者にかかることができません。ですから、その後が大変です。もし傷口からばい菌が入れば、死に至ることすらあります。酒井師は、ばい菌が入らないようにポマードを塗って傷口を保護されたそうです。私は思わず「頭の毛のないお坊さんがポマードを持っておられたのですか」といいました。すると「浅田先生、ちゃかしたらいかん」と叱られましたが、その足の傷跡まで目の当たりにさせていただきました。

このような縁でもって、私は比叡山に伝わる回峰行について多くのことを知る機会を得たのです。

三　比叡山と不滅の法灯

比叡山は京都側から見ると、お椀(わん)を伏せたような山にしか見えませんが、琵琶湖側から見ると細長い山に見えます。琵琶湖側から見た左側(南側)を「東塔(とうとう)」と呼びます。真ん中あたりが「西塔(さいとう)」で、一番北側が「横川(よかわ)」です。横川を「北塔(ほくとう)」ともいい、「東塔」「西塔」「北塔」なので、これを「三塔(さんとう)」といっています。

比叡山にはたくさんの坊舎(ぼうしゃ)が建っていますが、その坊舎はバラバラに建っているわけではありません。集まりをもって建っており、その坊舎の集まりを「谷」と呼んでいます。実際に谷があるわけではないのですが、十六の地域がありますので「十六谷」と呼んでいます。そのすべての坊舎を総称して「三千坊」といいますが、実際に三千もの坊舎があったわけではないのです。天台教学の「一念三千」と同じく、「すべて」という意味だろうと思います。比叡山では、これらを総称して「三塔・十六谷・三千坊」と呼んでいます。

では、親鸞聖人は三塔十六谷三千坊のどこにおられたのでしょう。それを考える一つのヒントが師匠の慈鎮和尚（一一五五―一二二五）にあります。親鸞聖人は慈鎮和尚にご指導を受けて得度をされていますが、慈鎮和尚はその時、青蓮院におられました。これはいわば里坊です。では、比叡山上ではどこにおられたかといいますと、東塔の中の無動寺谷の検校であられたようです。検校とは谷の責任者をいい、無動寺谷は十六谷の中の一つです。ですから、親鸞聖人はまず無動寺谷へ登っていかれたであろうことが想像できます。

ところで、皆さんは比叡山に参拝される時、バスやケーブルあるいは車などで行かれることであろうと思いますが、当然のことながら昔の人は歩いて登ったわけです。今もなお、たくさんの登り道がありますが、琵琶湖側からの登り道が正面になります。一般的には京都側を正面と勘違いしている人がたくさんおられますが、実は京都側は比叡山からすると裏側になるのです。その琵琶湖側の正面道を登り切ったところに山門があります。この門を「文殊楼」と呼んでいます。この中に入って狭くて急な階段を上がると、そこがもう修行の道場です。ご本尊の文殊菩薩に向かって、寝ることなく九十日間、坐ります。常に坐って三昧（坐禅）を実践するので「常坐三昧」といいます。「縄牀」という椅子のようなものに坐ります。お尻が乗る上部は麻縄ですから、坐ると膝が麻縄にグッと食い込みます。一見すると椅子のようなので坐禅をしやすいように思われますが、なかなか難しいです。そこで、今では板を張った上に座布団が置かれ、そこに坐っておられます。私も一度、坐ってみたことがあるのですが、最初の五分間ぐらいはいいのですが、十分もすると足が痛くてたまらなくなります。それを九十日間も行なうのですから、常坐三昧は大変な修行です。比叡山では、山門からして、このような道場なのです。

この山門を抜けると、正面に根本中堂があります。比叡山を開かれた伝教大師最澄（七六七―八二二）が、今の根本中堂の近くに一乗止観院という草庵を建て、修行をなさったようです。その時に、

阿耨多羅三藐三菩提の仏たち　わが立つ杣に　冥加あらせたまへ

と詠われたといいます。字余りで非常に訓みづらい歌です。そこでこの句を

あのうたら　さみさぼうじのほとけたち　わがたつそまに　めかあらせたまえ

と詠っておられます。「阿耨多羅三藐三菩提」とは「無上等正覚」ですから、「この上もない素晴らしい悟り」を意味し、また「わが立つ杣」とは「比叡山」をさし、「冥加」とは「目に見えないお加護」を意味します。したがって、この歌は「この上もない素晴らしい悟りを開かれた仏さまたちよ。この比叡山に目に見えないお加護をいただけますように」と願われた歌であったということになります。

比叡山に登って根本中堂にお参りされた折、お内陣を覗かれましたか。浄土真宗のお内陣とはまったく違う造りになっており、しかも真っ暗ですから、何か薄気味悪く感じられた方もあったのではないかと思います。しかし、あの造りには大きな意味がありま

す。いわゆる、「天台一乗」という思想が組み込まれた天台様式の建物になっているのです。それはどういうことかといいますと、根本中堂の中に入るとまず、私たちがお参りする参拝壇があります。これが、いわゆる外陣です。その参拝檀から内陣を覗きますと、先ほど言ったとおりの真っ暗な「谷底」があります。その奥に、ほの暗い明かりが三つ灯っています。その灯明のさらに奥に、ご本尊の納められたお厨子があります。ご本尊は立像ですから立っておられますが、「秘仏」ですので参拝者は拝むことが出来ません。問題はご本尊が立っておられる須弥壇の高さと、私たちがお参りする外陣の参拝壇の高さがほぼ同じということです。浄土真宗ではご本尊を上方にご安置し、仰拝する形でお参りしておりますが、根本中堂では私たちの目の高さと同じ高さにご本尊が安置されているのです。これは何を表わすかといいますと、「仏さまと私が同じ位置にある」ということを意味しています。すなわち、私の心の中に仏となる可能性としての仏性があることを表わしているのです。仏性という道理（理）の面からすれば、私も仏さまも一緒だという意味です。ところが、現実（事）は違います。それが現象面です。現実的には仏さまは悟られたお方ですし、私たちは迷っている「煩悩具足の身」です。ですから、現実的に仏さまと私とを区別するのは何かといいますと、私の心の中にある地獄の心（煩悩）です。ですから、この谷を仏と凡夫を区分する谷という意味で「地獄谷」と呼んだり、「煩悩段」と呼んだりしています。「釈迦も以前は凡夫なり。われも悟らば仏なり」といいますが、その具体的表現とみていいでしょう。

この「われも悟らば仏なり」に注目していただきたいのです。これが「一乗」ということです。「一乗」とは「一つの乗り物」と書きます。「一つの乗り物」というのは、誰もが一つの乗り物に乗ることが出来て、悟りの世界に至ることが出来るという意味です。ですから、天台宗の教えの基本は「すべての人が仏になることが出来る」という点にあるといってよいでしょう。しかし、これはあくまでも「道理」としての「一乗」という意味においてです。

ところで、根本中堂のご本尊の話に戻しましょう。お厨子の前に仏像が一体安置されていますが、これは「お前立ち」といいまして、ご本尊ではありません。ご本尊は扉の中に入っておられる「秘仏」です。言い伝えによりますと、伝教大師（最澄）が一刀三礼をして彫られたご本尊なのです。一刀三礼とは、一遍ノミを入れたら三回の五体投地の礼をするのです。そのように敬虔なお気持ちで、このご本尊を彫り上げられたと伝えられていますが、このご本尊は秘仏ですから滅多に開扉することがありません。ところが、天皇陛下が比叡山に来られた折りには開扉するという慣例があります。近年では、昭和天皇が比叡山へお越しになられた時に、開扉されました。私もその時、初めて拝見させていただきましたが、非常に新しく感じました。千二百年前のものとは到底思えません。秘仏だからでしょう。秘仏は、そういう意味では素晴らしいですね。

また、先頃（二〇〇六年）の天台宗開宗千二百年の記念行事の折に、『別冊太陽』（平凡社）が特集を組みましたが、その記事の中に、この秘仏のご本尊の写真が出ています。これは珍しいことだと思います。左手に薬壺を持っておられますので、ご本尊が薬師如来であるということがわかります。

さて、ご本尊の前には、三つの金灯籠があります。この灯籠を裏から見ますと、かわらけに菜種油を入れた灯芯の灯明であることがわかります。伝教大師がご本尊を安置されて最初のお灯明を灯された時、

明らけく　後の仏の御世までも　光りつたへよ　法のともしび

と詠われました。「後の仏」とは、五十六億七千万年先に仏になられる弥勒如来のことです。

その仏がこの世に現われるまで、という意味で「後の仏の御世までも」というのです。その間、この灯明の「光り」を伝えてくれよということから、「光りつたへよ　法のともしび」と詠われるのです。「この灯明だけは消していけません」というところから、これを「不滅の法灯」と、比叡山では呼んでいます。ところが、この灯明を消した人がいるのです。皆さんもご存じの織田信長です。比叡山を全山焼き討ちにしました。ところが、このお灯明は山形県の立石寺というお寺に分火してありましたので、再興された後、根本中堂に再度持って来られたのです。ですから、今も伝教大師が灯されたお光が比叡山に伝わっている、ということになります。

　ここで、どうして伝教大師は「後の仏の御世までも」と詠われたのかを考えてみましょう。もちろん無仏の世の末法を照らし出す、ということも考えられますが、それ以上に私は「弥勒信仰と一乗」という点について考えてみたいと思います。弥勒がこの世に下生される五十六億七千万年もの後には、すべての人に何らかの仏縁が結ばれていることでしょう。人々の機根がそれぞれに熟してくるのです。そして、弥勒が下生なさった説法の会座（竜華会）において、最終的に仏にならせていただくことが出来ると、説き伝えられています。ですから、「それまではこの法灯を消してはいけません」という意味にも解することが出来るでしょう。このように考えますと、五十六億七千万年先には「天台一乗」の真実が成就されることを示しているのではないかとさえ思われます。

しかし、同じ「一乗」でありながら浄土真宗と天台宗では、「仏に成る時期」がまったく異なっていることがわかります。要するに、いつすべての人が仏に成ることが出来るのかということです。親鸞聖人はご和讃に、

五十六億七千万
弥勒菩薩はとしをへん
まことの信心うるひとは
このたびさとりをひらくべし

（『真宗聖典』五〇二頁）

と詠ってくださっています。一方、天台教義の別教では、「仏さまになるまで五十二の段階を経る」とも説きます。五十二段階ある中の最後の一段階、要するに五十一段目から五十二段目、究極的な悟りの境地に至る最後の一段階だけで五十六億七千万年かかるというのです。一段上がるだけなのです。この五十一段目に今、弥勒菩薩がおられます。その

弥勒菩薩が五十六億七千万年もの間を修行して、やっと究極的な仏さまになられるというのです。これが弥勒如来です。「五十六億七千万　弥勒菩薩はとしをへん」とはそのことです。それに対して私たちは、阿弥陀如来の本願他力に乗じさせていただき、この五十二段階を横ざまに飛び超えて往生するや否や究極的な仏に成らせていただくわけです。ここを「まことの信心うるひとは　このたびさとりをひらくべし」と詠われたのでしょう。ですから、これを「横超」（『真宗聖典』二〇六頁）、「よこさまに飛び超える」と表現します。先ほど「本願一乗」といいましたように、浄土真宗の教えは阿弥陀如来のご本願によってすべての人が救われる教えです。阿弥陀如来の本願の船に乗せていただいて皆を悟りの世界へ届けていただくのです。その一乗という思想を親鸞聖人が徹底的に学ばれたのが、比叡山での二十年間ではなかったかと思います。

四　比叡山の諸行と親鸞聖人

それでは、親鸞聖人はどのようなご修行をなされ、どのようなご心境に至られたのでしょうか。実はこのことに関しては、どこにも書いておられないのです。ところが、皆さんもよくご存じの『歎異抄』には、僅かながら触れておられると、私は思っています。それは、

いずれの行もおよびがたき身なれば、とても地獄は一定すみかぞかし

（『真宗聖典』六二七頁）

というお言葉です。「いずれの行もおよびがたき身なれば」とは、体験者でなければ発することの出来ない言葉だと思います。「どのような修行も成就できなかった私」という意味でしょう。そのような心境に至られたのは、九十年のご生涯の中のどこでなされたご修行によるものだったのでしょうか。考えられるのは、二十年間の比叡山時代しかありません。そこで、これらを論証する資料が『歎異抄』以外にもないかと探しました。親鸞聖人ご自身は何も書いておられませんが、本願寺第三世覚如上人（一二七〇―一三五一）が著わされた有名な『御伝鈔』には、

自爾以来、しばしば南岳天台の玄風をとぶらいて、ひろく三観仏乗の理を達し、

とこしなえに楞厳横河の余流をたたえて、ふかく四教円融の義に明らかなり
(『真宗聖典』七二四頁)

という名文が綴られています。名文ですが、あまり意味がわかりません。ところが、私はここで二つのことが示唆されているのではないかと思います。一つは、「仏乗の理」です。これが先ほどからいっている「一乗の教理」ということです。一仏乗の「一」を省略して「仏乗」と呼んでいるのです。一つの乗り物によって仏の世界へ渡ることが出来るというのが「一乗」です。これを正確にいえば「一仏乗」となります。続いて「理を達し」ですから、教理としては「一仏乗」を充分に学ばれ、その教理の玄奥に達しましたということでしょう。

もう一つは、「楞厳横川の余流をたたえて」です。先ほど三塔十六谷といいましたが、三塔の中の「北塔」を横川ともいいます。ですから、親鸞聖人は横川にもおられた、ということがわかる資料です。二十年もおられたのですが、同じところにずっとおられたのではなく、最初は無動寺谷の方におられ、そうして山を降りられる時は横川におられたのではないかという想像ができますが、それでは無動寺谷での伝説と符合しません。これらを

如何に理解すればよいのか、今後の研究に待たねばなりません。

同じく覚如上人が書かれた『報恩講私記』には、親鸞聖人の心の中の状況まで描かれています。すなわち、修行をしてどのような状況であったかがです。それには、

断惑証理、愚鈍の身 成じ難く

（『真宗聖典』七三九頁）

とあるのです。これは大変な言葉だと思います。私たち浄土真宗の門徒からしますと、親鸞聖人ほどの立派な方だから、比叡山ではどのような修行にも耐えられて、どんな修行をも成就されたと思いたいところですが、ここに「断惑証理は愚鈍の身には成じ難い」と書かれているのです。「断惑」とは煩悩を断つという意味です。「証理」とは悟りに達するという意味です。ですから、煩悩を断じて悟りに入るということは、私（親鸞）のような愚かな身には成し遂げることが出来ない、と言い切っておられるのです。これをやさしくいえば「いずれの行もおよびがたき身」（『真宗聖典』六二七頁）という、あの『歎異抄』の言葉と同内容になってくるでしょう。ですから、「比叡山で親鸞聖人はどのような修行を行なっても達成できませんでした」ということを、覚如上人が『報恩講私記』に書いてお

られるとみることが出来ましょう。

また、存覚上人（一二九〇―一三七三）の『歎徳文』にも、

定水を凝らすと雖も識浪頻りに動き、心月を観ずと雖も妄雲猶覆う

（『真宗聖典』七四四頁）

とあります。これも親鸞聖人の比叡山での心の状況を述べてくださっている箇所です。存覚上人も覚如上人と同じことをおっしゃっています。「定水」とは、禅定という精神統一を水面に喩えたものです。精神統一ができれば、心は「鏡のような水面」になります。ところが、心の中で煩悩が騒げば「波が騒ぐ」と表現できます。「識浪」の識とは「煩悩」です。「浪」は「波」でしょう。煩悩の波がしきりに動いて、心の中を鏡のような三昧の境地にすることができなかったと、解釈することができます。あるいはまた「心月を観ずと雖も妄雲なお覆う」の「心月」とは、「心の中のお月さま」です。これは、心の中の「仏性」を指すのでしょう。その自分の心にある仏性を見よう見ようと努力したけれども、やはり煩悩の雲が覆って、仏性のお月さまを見ることができませんでしたということを意

味しています。これらはともに、どのような修行をしたとしても、悟りの世界には至ることが出来なかったという意味に理解できます。

では、どんな修行をなさった結果、そのような悲嘆の境地に至られたのでしょうか。これについて、親鸞聖人の奥方であった恵信尼公（一一八二―？）が書き残された『恵信尼消息』には、次のように記されています。

この文ぞ、殿の比叡の山に堂僧をつとめておはしましけるが、山を出でて、六角堂に百日籠らせたまひて後世の事をいのりまうさせたまひける九十五日のあか月の御示現の文なり。

（『真宗聖典』六一八頁）

昔の奥方はご主人のことを「殿」と呼ぶのですね。今とは大変な違いだなと思うのですが……。「殿」とは、ご主人である親鸞聖人のことですから、「比叡の山に堂僧を勤めておられた」のが親鸞聖人だということになります。女性の手紙ですから原典では「だうそう」と平仮名で書いてあります。漢字を当てはめますと「堂僧」となります。ここよりして、この消息（手紙）は比叡山を降りられる直前、親鸞聖人が堂僧を勤めておられたということを知る貴重な資料になるのです。ところが、この「堂僧」とは、大僧正や僧正などという位ではないのです。時代によって使い方が変わってきているのです。多くの学者がさまざまに研究していろいろな意見がでましたが、私の恩師の佐藤哲英先生がこれらをまとめられて、「堂僧」とは「常行三昧堂の堂僧」であろうという結論を出されました。ですから、親鸞聖人は山を降りられる直前は「常行三昧」という修行をなさっておられたというのが、今日の通説になっています。

この「常行三昧」とは、わずかに九十日間の修行です。二十年間も比叡山におられたのですからさまざまな修行をされたであろうことは想像できます。要するに「いずれの行」です。いったい他にどのような修行をされたのだろうか……。私は叡山学院に十年間勤めさせていただいたのですが、その間に何かヒントをつかめないものだろうかと思い、比叡山を探し回りました。

現在の比叡山にも、さまざまな修行が残っており、今日でも行者さんは、これらを修しておられます。その中で、まず「好相行」という修行を紹介させていただきましょう。「好相」とは「仏さまのお姿」ということです。三十二相八十種好という言葉があります。私たち人間にはない、仏さま独自のお姿。私たちと大きく違うところが三十二あるのです。これが「三十二相」です。たとえば全身金色に輝いておられます。あるいは頭の上がポコっとふくれておられる。あるいは白毫がある。そういうようなことを「相」と呼びます。「好」とは、細かい違いです。このような仏さまのお姿を、行者が自分の目で見るという修行が「好相行」です。要するに「見仏」です。今日も実際に修していいます。比叡山を歩かれた方はご存じかと思いますが、東塔から西塔へ行く中間地に浄土院があります。伝教大師（最澄）のご廟所です。たくさん木が生えている木々の中にお堂があるのですが、浄土院の周りには落ち葉が一枚も落ちていないのです。ここは比叡山で一番清浄なところです。ここへ出仕する僧侶は、朝から晩まで掃除をしていますから、ここを掃除地獄と呼んでいます。比叡山には三つの地獄行があるといわれます。回峰地獄・看経地獄・掃除地獄です。看経地獄の「かんきん」とは閉じ込めるという意味ではなく、お経を唱えることです。掃除地獄を修する律僧さんは、十二年籠山行の僧侶です。十二年も籠山するためには、大乗戒の自誓受戒をしなければなりません。そのためにはまず、お釈迦さまのお姿をこの目で見なければならないのです。いわゆる、本格的な修行に入る前の入門テストとして行なわれるのが、好相行ということになります。比叡山には、仏さまを見たという行者はたくさんおられます。その筆頭の行が好相行といえるでしょう。

皆さんは五木寛之さんの『親鸞』（講談社、二〇一〇年）という小説を読まれたことはありますか。最初の『親鸞』ですね。あそこに親鸞聖人が比叡山で、この好相行をなさったということが書かれています。五木さんを比叡山にご案内した折、「それは考えられない」と私はいったのですが、五木さんは親鸞聖人の叡山修行を「好相行」として把握されました。

では、仏のお姿をいかにして見るかですが、皆さんは『三千仏名経』という経典をご存じでしょうか。三千仏とは過去に千仏、現在に千仏、未来に千仏を合わせたもので、三千の仏さまがおられるのです。その三千の仏さまのお名前だけを書いた経典があります。それを『三千仏名経』といいます。その『三千仏名経』を見ながら一人の仏さまの名前を称えて、一人の仏さまに対して五体投地の礼拝をするのです。一日に、一仏に対する一拝を三千回しなければなりません。この礼拝を、仏さまのお姿を見るまで続けるのです。これが「礼拝行」とも呼ばれるゆえんです。

一仏の名を唱えては一回の五体投地の礼拝をする。もし三十秒に一仏を礼拝したとしましょう。一分で二仏、六十分で百二十仏、一日二十四時間で二千八百八十仏しか拝礼することができません。ですから、二十秒くらいで一仏を礼拝しているということになります。

この行をいつまで続けるかというと、仏さまのお姿を見るまで続けるのです。だいたい三カ月（九十日）といわれますが、先年下山された宮本祖豊（みやもとそほう）師は延べ五百七十五日かかったと『大法輪』（二〇〇九年十二月号）に書いておられます。朝から晩まで礼拝しているので、二回、ドクターストップがかかったといいます。そこで、少し身体を休めて元に戻し、またやって、また戻し、その休んだ時を数えず、礼拝している日にちだけを数えて五百七十五日かかったというのです。『大法輪』には、

声がつぶれ、首の筋肉が落ち、頭は垂れ、冬場には上半身の感覚がなくなって、砂糖の甘さを感じることができなくなった。さらに幻覚・幻聴・幻臭が現れ、当時を知る僧侶は、表情は死人、気迫迫るものがあったと証言する。

とも述べておられます。これが好相行なのです。このようにして仏さまのお姿を見ることが出来れば次の段階の自誓受戒へと進んでいけるのです。しかし、私には「生死出（しょうじい）づべき道」を求めて深く悩まれた親鸞聖人が好相行をなさったとは思えません。なぜならば、好相行は仏さまの姿を見れば終わるからです。

千日回峰行もまた千日たてば終わりますが、「毎日の行」は死ぬまでやり通さねばなりません。それだけに過酷です。朝起きれば、まず滝に入ります。冬の寒い日であっても入ります。滝が凍っているのですが、流れる水は凍りませんので、その中に入って滝に打たれます。すでにお亡くなりになりましたが箱崎文応（はこざきぶんのう）というお方がおられました。修行によって目がご不自由になられるほどの、すごいご修行をなさったお方でした。そのようなお方が九十歳になられてもなお、朝起きれば滝に打たれておられました。自力修行のすさまじさを垣間見（かいまみ）た思いがしました。

五　親鸞聖人と回峰行

このような修行の様子を見る中で、最初、少々驚いたことがあります。それは比叡山には今日でも親鸞聖人に関する伝説が伝わり、しかも親鸞聖人をご本尊としてお奉りする大乗院（だいじょういん）という坊舎があるということです。いうまでもなく比叡山は天台宗の本山です。その本山に他宗派のご開山をご本尊としたお堂があるのには驚きました。

冒頭に「三塔十六谷（さんとうじゅうろくだに）」といいましたが、その一番南に位置するのが無動寺谷です。この無動寺谷の検校が慈鎮和尚だったというのは先ほど話しました。ですから、親鸞聖人も最初はここで修行されたと思いますが、この無動寺谷に親鸞聖人の伝説が伝わっているのです。ここは回峰行の根拠地でもありますので、今日なお車は通りません。そこまでは歩いていかねばなりません。ぜひ皆さん、この大乗院にお参りください。ご本尊の親鸞聖人像を横から参拝しますとよくわかりますが、聖人独特の襟巻きをされています。この聖人像は「蕎麦喰いの木像」といいまして、ここ大乗院に伝わる伝説があります。この伝説は小さい時、大乗院に住んでおられた小寺文頴先生から聞かされた内容です。

親鸞聖人が二十九歳にして比叡の山を下りられる折りに、六角堂に百日間参籠されたという話は、皆さんご存じの通りですが、あの折の伝説なのです。昼は他の小僧さんと同じような小僧生活を送っておられ、夜になって皆が寝静まったのを見計らって、六角堂に行かれるのです。そして、みんなが起きるまでに帰ってくるという生活を百日間も続けられた時のことです。みんなが寝静まったといっても、やはりトイレへ行く小僧もいただろうと思います。夜中に起きますといつも親鸞聖人がいないのです。「何かこの頃様子がおかしい」ということになりました。京都へ遊びに行っているのではないか。噂が噂を呼んでついに女性の元へ通っているのではないかとまで展開していきました。そこで、慈鎮和尚

六角堂本堂

親鸞堂の前にある、
親鸞聖人像

が真偽のほどを確かめようとなさいます。

小寺先生のお話は大乗院に伝わる口伝で、どうも尾ひれが付いているようですが、この口伝を証明するのが大乗院のみに伝わる「親鸞聖人の御絵伝（ごえでん）」二幅です。この絵伝に「百日参籠（ひゃくにちさんろう）」の折りのワンカットが描かれており、その詞書（ことばが）きまであるのです。

その絵図によりますと、親鸞聖人が夜中に抜け出しているか否かを確かめるために、師僧の慈鎮和尚が一計を案じ、小僧さんの数だけ蕎麦を用意したのです。夜中だけれども全員起きて信者さんからいただいた蕎麦を召し上がりなさいという設定です。当然、親鸞聖人は六角堂に参拝しているので、そこにいて蕎麦を食べるはずがありません。ところが、いないはずの親鸞聖人が皆と一緒に蕎麦を食べているのです。皆は驚きを隠せない様子ですが、ご本人がいるのですから、いままでの噂は単なる噂だと納得して休んだ、というのです。ところがあくる朝、親鸞聖人が六角堂から帰ってきます。念持仏（ねんじぶつ）の阿弥陀さまのところにお参りして、「今日も無事に六角堂に参籠させていただきました」と報告すれば、その阿弥陀像の口元に蕎麦がついていたというのです。要するに、阿弥陀さまが親鸞聖人に姿を変えて蕎麦を食べられたという伝説なのです。ですから、この大乗院ではその時の親鸞聖人のお姿をご本尊として安置し、このお像を「蕎麦喰いの木像」と呼んでいるのです。

また、この「御絵伝」の中に聖人が千日回峰行を修しているカットもあります。「大満の行」という詞書きです。その絵図には聖人が千日回峰行の行中に気絶をした姿が描かれています。それを同僚が助けに行って大乗院に連れ帰った絵です。あまり他の資料には出てきませんが、これらの伝説からしますと、親鸞聖人も無動寺谷に入られて千日回峰行をなさったであろうと思えます。

千日回峰を終えられた一番新しい大阿闍梨さんが光永圓道師（旧姓星野）です。この阿闍梨さんが今日の大乗院の住職です。天台宗のお坊さんですが毎日親鸞聖人にお給侍をしてくださっています。ご本尊のお姿は親鸞聖人ですが、阿弥陀さまが親鸞聖人にお姿を変えられただけですので、阿弥陀さまだと思ってお給侍くださっていると聞きました。しかし、やはり矛盾を感じられるのでしょう。今では、親鸞聖人像の前には不動明王が安置されています。回峰行者ですから、心では不動明王を礼拝されるのが正直なところではないでしょうか。

行者笠をかぶり行者杖をついて進む光永大阿闍梨

六　回峰行とは

次に回峰行です。この行には、千日回峰行と百日回峰行とがあります。千日の回峰行をする人は、だいたい十年に一人ですが、百日回峰行はたくさんおられます。たとえば、一山の住職です。比叡山の住職になるには、百日回峰行をしなければならないという規則があります。昔も無動寺谷の住職になるには最低、百日回峰行をしなければならないという規定があったようです。回峰行を始められたのは伝教大師の孫弟子にあたる相応和尚（八三一―九一八）ですが、今の行者は頭上に行者笠を頂き、腰には刀をさし、頭陀袋・小田原提灯・杖を持って礼拝行を行ないます。行者杖というのは、千日回峰行に入らなければ持てません。足袋も百日回峰行者は履くことができず、裸足です。しかも、行者笠を頭に被ることもできず、手で持たなければなりません。なぜならば、行者笠というのは不動明王を表わすものだからです。ある時、叡山学院の卒業生の行者から、「行者笠」を見せてもらいました。すると、頭の当たる笠の内部に六文銭が奇麗に貼られているのです。思わず「これは何をするものなのか」と聞きますと、「三途の川を渡るためですよ」と答えたのです。「それはわかるが、今どき六文銭かね」と重ねて尋ねると、次のように答えてくれました。

世間一般的には「十年一昔」といいますが、修行の世界では百年、二百年が一昔なのです。私たちは師匠のいわれたとおり、なされたとおり、そのまま行なっています。その師匠もまた、その前の師匠のいわれたとおり、なさってこられました。ですから、修行には現代化というものがないのです。

この話を聞いて私は、親鸞聖人のご修行のあり方も、現在の比叡山の修行を通して見ることができるのではないかと、考えるようになりました。とても印象深い一言でした。

さて、その行者笠ですが、大きいのですが非常に軽く出来ており、開く前の蓮華をかたどった「未敷蓮華(みふれんげ)」の形をしています。蓮華が開けば仏さまが座っておられる蓮台になります。その蓮台を頭上に頂いているのが不動明王です。回峰行は不動明王と一体となるための修行ですから、開いてしまえば仏様です。そこで、開く前の蓮華の形をした笠を頭上に頂き、行者は回峰行を修するのです。

千日回峰行者は、三百日の行を終えれば「足袋」を履くことを許されます。わずか布切れ一枚のように私たちは考えますが、ある行者は「足に鉄兜をつけたようだ」と表現なさいました。それほどに、布一枚を足につけるだけで、ずいぶん違うようです。また、回峰行者は、「わらじ」を履きます。「わらじ」と「草履」との違いを私は知りませんでした。「わらじ」は、鼻緒の付け根が台座の先端についているものをいいます。ですから足を入れれば指がすべて外に出るのです。その指で土を掻いて歩くのが「わらじ」です。一方、草履は先端の鼻緒が台座の中についているので、指がみな草履の上に乗ってしまいます。そうしますと、土を掻けないものですから険しい山道などは歩けません。ほぼ三日で二足ほどを使い切るそうです。行者さんの「わらじ」はみな残してあります。酒井阿闍梨さんは二千日も歩かれたものですから蔵に一杯になっているそうです。

手には「小田原提灯」を持ちます。今は学生に「小田原提灯」といっても通じません。簡単にいえば携帯用提灯です。自坊を出るときは午前二時前後ですから真っ暗です。歩いている際中に明るくなりますので、それを折りたたんで懐にしまうことの出来る提灯が「小田原提灯」です。また「頭陀袋」を携えます。この中には白い布が入っていますが、これは回峰行を頓挫して切腹した時、死に顔を人に見せないためのものだそうです。ある行者さんが、「師匠が持っていけというから持って歩いたのですが、千日が終わってあらためて考えて見ると、どうして死んでから後に自分の顔を覆えるのかなと不思議に思った」などと面白半分におっしゃっていました。これもまた回峰行の伝統でしょう。

さて、一千日を歩く中、五年目には七百日を歩き終わったことになります。その日からもっと過酷な「堂入り」という修行が待っています。朝に回峰を終えて帰って来たその日のことです。無動寺谷の中心をなす「明王堂」という建物に九日間籠もるのです。これが「堂入り」です。その間、行者は「断食・断水・不眠・不臥」に耐えねばなりません。要するに九日間にわたって「食事をしない」「水を飲まない」「寝ない」「横にならない」という行です。食事をしなくて水だけ飲んでおれば一カ月ほど生きられるとはよく聞きますが、堂入りでは水も飲んではいけないのです。今の医学の常識では、水を飲まないで生きておれるのは、三日か四日程度だそうです。それを九日間も行なうというのですから、現代医学の常識を超えたのが回峰行の「堂入り」であったということになります。

ある時、私は酒井師の「生き葬式」に招いていただきました。「生き葬式」というのは神道の不浄観からきたもので、死は穢れであると認識しますから、九日間の堂入りの最中に、もし死んでしまえば、お葬式を出してもらえません。そこで、生きている時に葬式をしようというのが「生き葬式」という行事です。

「生き葬式」は何をするのか楽しみに出席させていただきましたところ、ご縁のある方を囲んでの「最後の食事会」でした。すべて精進料理ですが、一の膳から三の膳まで出る豪華な料理です。一番奥に堂入りをする行者さんが坐り、その横に千日回峰行を終えられて白い浄衣(じょうえ)を着られた三人の阿闍梨さんが坐ります。その隣が宗務総長さんです。隣の阿闍梨さんたちは食事を召し上がられましたが、これから堂入りをする酒井師は一口も手をつけられませんでした。わずかに、お茶をちょっと口に含まれただけです。行が終わって後に聞いてみますと、九日間の堂入りをするために三カ月前から少しずつ食事を減らしていく「前行(ぜんぎょう)」を行なっていたというのです。最後の一週間ほどは重湯(おもゆ)で過ごしただけだとも聞きました。これは重湯だけで七里半の山道を歩いていたということになります。だから「生き葬式」の時も、わずかにお茶を飲まれただけだったのです。この「前行」によって身体が整い、九日間の堂入りが可能になるそうです。また「本行(ほんぎょう)」の堂入りが終われば「後行(ごぎょう)」があって、今度は三カ月をかけて少しずつ食事を増やしていき、身体を元にもどすのだそうです。

このような前行の後に行なわれる本行が、「断食・断水・不眠・不臥」の四無行(しむぎょう)を行なう「堂入り」です。また、この九日間は毎日、夜中二時頃になると行者は、三百メートル

左頁　取水

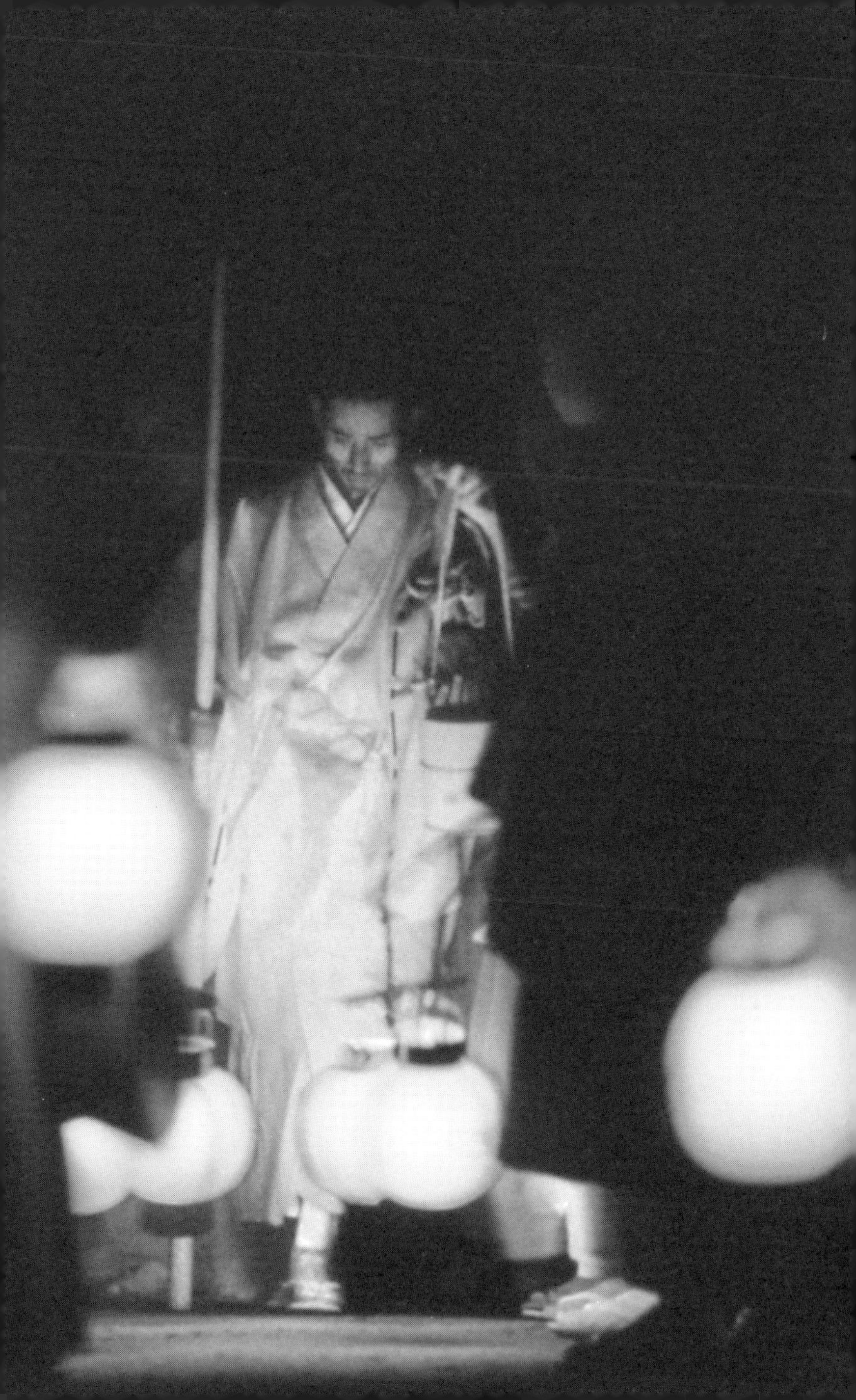

ほど離れた井戸に、ご本尊に供えるお水を汲みに行きます。これが「取水」と呼ばれる作法です。自分は水を飲むことが出来ないのですが、仏さまにはお水をお供えしなければなりません。中日を過ぎる四日目以降になると、ほとんど一人では歩くこともできず、横から抱えられて、お水を取りに行く行者もいます。このような九日間に行者は何をするかというと、絶えず不動明王の真言を唱えているのです。これが十万遍も唱えるというのです。「どのようにして十万遍を数えるのですか」と尋ねますと、「数珠をくって数える」と教えてもらいました。数珠は「珠を数える」と書きますように、仏を念じる回数を数える道具が本来の意味です。珠の数は全部で百八つあります。また、その下に小さい珠が十個（百珠単位）と十個（千珠単位）ついています。一回りして百八回を数え終わると、百珠単位の小珠を一回くる。千になったら千珠単位の小珠を一回くる。こうして、一万遍まで数えます。その十回分が十万遍です。声を出して唱えると身体が弱りますので、口の中で唱えています。ちなみに、十万遍で一洛叉、百万遍で十洛叉という単位になります。

昭和二十三年（一九四八）のことです。大正大学の教授でもあった葉上照澄先生（阿闍梨、一九〇三―八九）が、九日間の堂入りをなさいました。葉上先生には吉村寿人という京都府立医大に生理学を専門とする知人がおいででした。いよいよ堂入りという時、葉上先生は吉村先生に「九日間の断食・断水・不眠・不臥をする」と連絡をされたところ、「本当にやるなら調査をさせてくれ」といわれたそうです。そして、吉村先生が葉上先生の横について、九日間の生理学の調査をなさいました。その時の調査結果に基づく論文が、「絶対飢餓状態における生理学の調査」というものでした。それを読ませていただくと、何も飲み食いしていないのに、大便・小便が少しずつ出ると記載されています。その出た量まで書いてありました。七日目から八日目になると、瞳孔が反応しなくなる。戦後すぐの死の判定は、瞳孔反射でなされましたから、瞳孔が反応しないということは死とみなされる。そこで、吉村先生が「葉上さん、あんた、もう死んでるで」とおっしゃったところ、「何を言うておるか、わしはまだ生きておる」と葉上先生が出ない声で訴えられたというのです。後日、講演なさった葉上先生は、「あの行を十日間やって死んだ人がいたのだと思う。また、八日だったら体力が少し残っている。そこで九日と決められたのではないか」とよく話されました。

ところで比叡山を歩き回る「動」の修行の中に、なぜ九日間の「静」の修行があるのかということに関しては、ある行者さんから「体質改善だ」と教えてもらったことが印象的でした。その時、自分の体質を改善し、身体を軽くして歩けるようにするためのもの。だから、雲母坂を登るスピードと下るスピード、それに平坦な道を歩くスピードが、すべて同じ。ともおっしゃいました。その雲母坂を含む「赤山苦行」は、九日間の堂入りを終えた翌年の六年目に行なわれる過酷な「行」なのです。

七　赤山苦行と市中大廻り

赤山苦行では、それまで歩いていた七里半（三十キロメートル）の倍にあたる十五里（六十キロメートル）を歩くことになります。比叡山内の従来の道のりを終え、今度は京都側の山下、赤山明神までを往復します。それを百日間、行ないます。先ほど、親鸞聖人が気絶なさった話をしましたが、ある時、藤波源信大阿闍梨さんに「あれは伝説で少し大袈裟な感じがしますが、行中に本当に気絶するようなことがあるんですか」と尋ねたことがあります。そうしますと「ありますね、自分はどうにか持ちこたえましたが、赤山苦行の一日十五里を歩いている時ほど苦しかったことはなかったです。だから苦行というのでしょう。聖人の伝説は決して大袈裟な表現じゃないと思いますよ」との返答でした。非常に印象に残った一言でした。

さて、比叡山へ歩いて登られた方がおられたら、「雲母坂」がたいへん急な坂道であることはご存じだと思います。八瀬からケーブルが走っていますが、ケーブルと平行にある道といってよいほどに急な坂道です。そんな急な坂道を行き来するのですが、「上るスピードと下るスピードが同じだ」というのです。「まさか」と思います。

作家の五木寛之さんを比叡山にご案内した時のことです。星野圓道阿闍梨さん（後の光永圓道大阿闍梨）に会っていただいたのですが、五木さんは行者の姿を眺めておられるだけで何も聞かれないのです。そこで私が星野阿闍梨さんに質問しました。「あの雲母坂を登るスピードと下るスピードが同じだと聞きますが、とても私には信じられませんが、如何ですか」と五木さんに代わって質問したのです。すると「はい本当ですよ」といとも簡単に返事をされて、行者杖の置いてある玄関に私たちを連れて行き、「この行者杖があるから、可能なんです」とおっしゃるのです。「下りる時にはこの杖でブレーキをかける。上る時には、船の櫂を漕ぐようにして上る。だから見てください。両手の太さが違うでしょう」といって、両腕を見せてくださったのです。右腕と左腕の太さがまったく違いました。右だけがものすごく太いのです。「この杖は軽そうに見えますが、かなり重い。それを、右腕で使いながら登って行く。だから下るスピードと上るスピードが同じなのです」といわれました。それにしても前年に修した九日間の「断食・断水・不眠・不臥」の体質改善によるからなのでしょう。

七年目に入ると、歩く距離はさらに二十一里（八十四キロメートル）になります。これは「市中大廻り」と呼んで、比叡山を一周してから赤山明神へ下って京都市内に出て来ます。白川通から平安神宮、それに八坂神社へ向かいます。さらに下って清水寺へお参りし、松原通（昔の五条通）を西に進みます。堀川通に入って北に上がり、二条城の横の神泉苑にお参りして、北野天満宮・上御霊神社・下鴨神社を回ります。そして御所の周辺で一泊します。一泊するといっても、日付が変わると起きて、今度は逆のコースを歩きます。かつて藤波源信大阿闍梨は、「私は山の中でイノシシに出会っても恐ろしいと思ったことがないが、町の真ん中、夜中に人間に出会うことほど恐ろしいことはない」と話されたことがありました。なぜかと言いますと、八坂神社の祇園あたりを通るのが朝の四時頃になります。その頃はまだ酔っ払いがいるそうです。こちらは真っ白な衣を着て歩いているもの

京都大廻り

ですから、不思議がって酔っぱらいが絡んで来るのだそうです。「その時ほど怖い思いがしたことがなかった」と話されました。そんな思いを時にはしながら、山へ帰り、山で一泊します。このように山の上と京都の街中で交互に泊まり、一日の行程が二十一里(八十四キロメートル)になります。これを百日間、続けるのです。

親鸞聖人が通われた頂法寺の六角堂は、烏丸通松原を上がったところにあります。「市中大廻り」の全行程に重ね合わせて見ますと、「市中大廻り」の行程とさほど変わりません。ですから、親鸞聖人がもし六角堂に毎日通われたとすると、自分の歩き慣れた道だったということになります。そこで、光永覚道大阿闍梨に、「阿闍梨さんが歩き慣れたその身体で一人、大乗院から六角堂まで真剣に往復されたら、何時間で歩けますか」と尋ねたことがあります。そうしますと「往復で三時間かな」とおっしゃいました。往復ですよ。初めて聞いた時は「本当か」と耳を疑いましたが、再度、前回の講演(本書収録)の折に控え室で確認しました。その時も「三時間あったら歩けます」とおっしゃったのです。とすれば、大乗院からでも十分に通えますね。親鸞聖人は六角堂へ百日間も通われましたが、回峰行をなさっていたからこそ出来たことであったと、あらためて知らされました。

八　むすび

昔から変わらずに行なわれてきた今日の千日回峰行の姿を見るにつけ、親鸞聖人も千日回峰行をなさったという伝承は正しいのではないかと思うようになりました。しかし、親鸞聖人ご自身には、なかなか自分の悟りの世界が見えてこなかったのです。「定水を凝らすといえども識浪しきりに動き、心月を観ずといえども妄雲なほ覆う」という『歎徳文』のご文、あるいはまた「断惑証理 愚鈍の身 成じがたく、速成覚位 末代の機 覃びがたし」という『報恩講私記』のご文、さらには「いずれの行も及び難き身なれば、とても地獄は一定すみかぞかし」という『歎異抄』のお言葉等々は、若き日の親鸞聖人の二十年間にわたる比叡山での修行のご苦悩を語られた言葉ではなかったかと思います。どんなに修行しても、自分には自力修行は適わない。だから、私の行くところは定んで地獄であろう。この深い内観による悲痛な叫びが、親鸞聖人の二十年間にわたる修行の総まとめではなかったかと、私は思います。

すでにお話をいたしましたように、天台教学は「誰もが仏に成る」との「一乗」を説きます。教義の上では「一乗」ですが、現実には仏に成れないどころか地獄に行くしかない自分がいる。この教義と現実とのギャップに悩まれたであろうことが容易に想像できます。もし「一乗教学」が釈尊の真意であるならば「地獄に行くしかすべのない愚かなこの私も、仏に成る道は必ずある」と信じて山を降りられたのではないかと考えられるのです。そのような道を教示くださる方は、自力聖道門（じりきしょうどうもん）の比叡山にはおられませんでした。そこで、六角堂の観音（かんのん）さまに自分の行く道をたずねるべく参籠をなさったのではないかと思います。そのお陰で法然聖人（ほうねんしょうにん）に導かれ、「地獄一定」の私が仏に成ることの出来るお念仏の教えに出遭われ、阿弥陀仏の誓願に帰依（きえ）されたといえましょう。

ですから、親鸞聖人の教えを「本願一乗（ほんがんいちじょう）」「誓願一仏乗（せいがんいちぶつじょう）」というのです。これは、「天台一乗」から導き出された「一乗」だと思います。しかし、同じ「一乗」でも、その方向性が「自力」と「他力」とで大きく違っていました。もっとも、親鸞聖人の教理としては、天台の「一乗教学」そのまま受け継いでおられると、私はみています。

今日にまで比叡山（北嶺）に受け継がれている伝灯の行としての天台修験の「回峰行」。その修行を若き日の親鸞聖人も修されたであろう一端に触れながら、お話をさせていただきました。

龍谷大学世界仏教文化研究センターと
龍谷大学アジア仏教文化研究センター

龍谷大学は、寛永十六年（一六三九）に西本願寺の阿弥陀堂北側に創設された「学寮」を淵源とする大学です。その後、明治維新を迎えると学制の改革が行われ、学寮も大教校・真宗学庠・大学林・仏教専門学校・仏教大学と順次に名称を変更し、大正十一年（一九二二）に今の「龍谷大学」となりました。

その間、三七六年もの長きにわたって仏教の研鑽が進められ、龍谷大学は高い評価を得てまいりました。そして平成二十七年四月、その成果を国内外に発信するとともに仏教研究の国際交流をめざす拠点として、「龍谷大学世界仏教文化研究センター」を設立いたしました。「龍谷大学アジア仏教文化研究センター」は、このような意図のもと設立された世界仏教文化研究センターの理念を具現化する研究機関です。

現在、アジア仏教文化研究センターでは、文部科学省の支援事業に採択された「日本仏教の通時的共時的研究——多文化共生社会における課題と展望——」

をテーマとする研究プロジェクトを推進していますが、「文化講演会」の開催ならびに「文化講演会シリーズ」の刊行もまた、世界仏教文化研究センターの設立理念の一つである「社会貢献」を具現化したものに他なりません。

何とぞ、本書『回峰行と修験道――聖地に受け継がれし伝灯の行――』の刊行を機縁として、龍谷大学の設立した世界仏教文化研究センターならびにアジア仏教文化研究センターの諸活動に、ご理解とご支援をたまわりますよう、茲に謹んでお願い申し上げます。

平成二十八年九月一日

龍谷大学アジア仏教文化研究センター

センター長　楠　淳證

執筆者（掲載順）

宮城泰年（みやぎ　たいねん）

1931年、京都市に生まれる。聖護院で得度受戒。1954年、龍谷大学文学部国文学科卒業。新聞社勤務を経て聖護院に帰山、執事長、宗務総長などを歴任。2007年、聖護院門跡第52世門主就任。日本宗教者平和協議会代表委員、京都仏教会常務理事、日本山岳修験学会顧問。

著書に『動じない心』（講談社）、『山伏入門――人はなぜ修験に向かうのか?』（淡交社）など多数。

光永覚道（みつなが　かくどう）

1954年、山形に生まれる。1975年、鶴岡工業高等専門学校卒業。得度受戒。1981年、延暦寺一山・大乗院住職。1989年、明王堂輪番拝命。1990年、千日回峰行満行。北嶺大行満大阿闍梨。1996年3月1日、十二年籠山行満行。2000年4月1日、延暦寺一山・南山坊転住職。2000年12月1日、明王堂輪番交替。現在、南山坊住職。

著書に『千日回峰行』『回峰行を生きる』（ともに春秋社）など多数。

淺田正博（あさだ　まさひろ）

1945年、大阪府に生まれる。龍谷大学大学院博士課程仏教学専攻依頼退学。叡山学院講師・京都橘大学講師・精華大学講師・行信教校講師・大倉精神文化研究所研究員を経て、1983年、龍谷大学専任講師、1985年助教授、1991年教授。2014年、定年退職。博士（文学）。現在、龍谷大学名誉教授、龍谷大学アジア仏教文化研究センターフェロー、中央仏教学院講師。浄土真宗本願寺派勧学、大阪府因念寺住職。

著書に『私の歩んだ仏の道』（本願寺出版社）、『戒律を知るための小辞典』（永田文昌堂）など多数。

p15 ～ 30　写真提供　宮城泰年
p45 ～ 66　p98 ～ 111　写真提供　打田浩一

編者略歴

楠　淳證（くすのき　じゅんしょう）

2003年4月（現在に至る）、龍谷大学教授。

2014年4月（～2016年3月）、龍谷大学宗教部長。

2015年4月（現在に至る）、龍谷大学アジア仏教文化研究センター長。

著書　『心要鈔講読』（永田文昌堂、2010年7月）

　　　『唯識――こころの仏教』（編著、自照社出版、2008年9月）

　　　『暮らしに生かす仏教』（探究社、2013年5月）

龍谷大学アジア仏教文化研究センター
文化講演会シリーズ[1]

回峰行と修験道
――聖地に受け継がれし伝灯の行――

二〇一六年一〇月一〇日　初版第一刷発行

編　者　楠　淳證

発行者　西村明高

発行所　株式会社　法藏館
京都市下京区正面通烏丸東入
郵便番号　六〇〇-八一五三
電話　〇七五-三四三-〇〇三〇（編集）
　　　〇七五-三四三-五六五六（営業）

ブックデザイン　田中　聡

印刷・製本　中村印刷株式会社

ISBN978-4-8318-6430-7　C0015